The Changing
Japanese Metropolitan Area
under the Post-Growth Society

変わりゆく日本の大都市圏

ポスト成長社会における
都市のかたち

日野正輝・香川貴志 編
Masateru Hino & Takashi Kagawa

ナカニシヤ出版

序　章
ポスト成長に向かう日本の大都市圏

1　本書の課題とポスト成長の考え方

　本書は主に 1990 年代後半以降に現れたわが国の大都市圏、とりわけ三大都市圏における「都心回帰」と呼ばれる居住の空間構造の変化とその背後にある居住にかかわる諸現象を、最近時の状況まで含めて検討したものである。本論に先立ち、本書の議論の背景となる 20 世紀後半の日本の都市化の特徴を世界の都市化と対照しつつ紹介するとともに、世界に先駆けて日本が直面している少子高齢化にともなう大都市圏の変容を分析する意義を指摘しておきたい。

　なお、世界の都市研究の関心事の一つに都市の縮退（縮小）(Shrining city, Shrinkage of city) の問題がある。日本のように少子高齢化にともなう都市人口の減少も都市縮退の 1 タイプであるが（矢作 2009；Pallagst, Wiechmann and Martinez-Fernandez eds., 2014)、本書では縮退に代えてポスト成長という用語を使用する。人口・雇用・インフラなどが縮小するなかにあっても都市の活力を持続する方向性がある。ポスト成長の指向とは、成長指向に代えて、都市の社会・経済・文化・環境の持続性を確保することを通して活力や生活の質を高める方向を指す。

2 20世紀後半の都市化を振り返る

　20世紀後半は周知のとおり人口爆発と都市化の時代であった。1950年代の世界人口は25億人であったが、2000年には61億人に達した。驚くべき人口増加である。とくに、1950年代から80年代にかけての世界人口の増加率は年平均1.7％を超える水準にあって、人口爆発と形容された。世界人口の増加の90％は発展途上国での人口増加によるものであった。しかも、発展途上国においては、人口の大都市集中が急速に進み、メガシティの出現をみた。世界の都市人口比率は2000年代後半に50％を上回った。

　その間、先進国の都市化は様相を大きく変化させた。産業革命以降、都市化は工業化によって牽引され、都市化と工業化とは同義に解されてきた。工業化は工業集積を通じて都市の持続的な成長を可能として、大都市の出現を可能とした。その結果、ロンドンのように19世紀末には600万人を超える巨大都市の出現をもたらした（大阪市立大学経済研究所編 1985）。その段階の都市成長の様相は市街地の拡大と人口密度の増大に特徴づけられた。しかし、ロンドンでは両世界大戦期に人口・産業の郊外化が進み、「離心化」と呼ばれる段階を迎えたが、この傾向は他の先進国においても1950年代以降顕著になる。郊外電車・地下鉄網の拡充およびモータリゼーションの普及によって郊外の住宅開発が本格化した。加えて、旧市街地の過密問題への対処として政策的にも計画的分散化が進められた。日本でも、大都市圏では、1960年代には分散化の段階に至っていた（富田 1995）。

　欧米の大都市では、1970年代になると、オイルショックによる世界経済の低迷に加えて、都市経済の脱工業化があいまって、大都市の衰退を招いた。1975年のニューヨーク市の財政破たんがそれを象徴する出来事であった。都市の旧市街地（インナーシティ）の衰退が著しく、インナーシティ問題が大きな関心事となった（成田 1987）。日本の大都市でも、脱工業化が進行した。しかし、製造業の縮小の程度は欧米の大都市に比べて大きくなかった。加えて、日本経済の成長に呼応して大都市、とりわけ東京に集中した中枢管

理機能が拡大したこともあって（阿部 1991）、ニューヨークやロンドンでみられたようなインナーシティ問題は顕在化しなかった。

インナーシティ問題が深刻化した時期は、アメリカやイギリスでは大都市圏の人口が転入超過から転出超過に変化した。その姿はそれまでの都市圏への人口集中と逆の動きということで反都市化と概念化された（森川 1998）。日本では、反都市化は起こらなかったが、オイルショックによる国民経済の高成長から低成長への移行と工業の地方分散化の進展により、大都市圏への人口集中は緩和した。

しかし、1980年代後半になると、バブル経済による好景気の出現は人口・中枢管理機能の東京一極集中を促した。また、異常な地価高騰は大都市圏の住宅供給の遠郊化を導いた。同時に、郊外地域においても人口に加えて産業・都市機能の立地が進み、生活圏の自立化が認められ、大都市圏の多核化の傾向が指摘された（富田 1995）。東京圏では、この時期政策的にも業務機能の東京区部からの分散化と適正な配置を図るために、業務機能の新しい集積地の形成を意図した業務核都市構想が立てられた（生田 2011）。

一方、欧米でも、一段と進行した経済のグローバリゼーションを都市再生に結びつけることができた一部の大都市では、「再都市化」と呼ばれる人口・雇用の回復をみた。都市政策の面では、ネオリベラリズムの考え方に立った開発規制の緩和が進み、大規模な都市再開発が促進された。ウォーターフロントの開発および都心周辺部での住民の入れ替えをともなうコンドミニアムの開発（ジェントリフィケーション）などが注目されたのもこの時期であった（大阪市立大学経済研究所・植田編 1992）。しかし、1990年代に入ると、日本と欧米の大都市の動向に違いが現れてきた。日本では、1991年のバブル経済の破たんとその後の企業のリストラクチャリングおよび少子高齢化の進展が都市の成長にブレーキを掛けることになった。一方、ロンドンでは再都市化が継続し、今後も人口・雇用の増加が予想されている。

3　ポスト成長の様相――新しい都市化

　1980年代の都市化はいっそうの郊外化を予想させたが、1990年代後半には冒頭に紹介した構造的変化が出現した。1960年代以降人口転出超過と人口減少を続けてきた大都市の都心部が人口増加に転じ、しかもそれが一過性の増加でなく、2000年代に入っても継続した。一方、自立性を高めると期待された郊外において、急速に少子高齢化が進み、人口減少をみせる住宅団地が現れ、空き家問題が議論されるまでになった。また、大都市の通勤圏は拡大から縮小に転じた。そのため2000年代には「郊外化の終焉と都心回帰」が指摘され（江崎 2006）、それを裏づけるモノグラフが提供されたことで、新しい都市化の現象に対する関心が喚起され、同時に理解が深められてきた（富田・藤井編 2010）。その要因についても、少子高齢化・世帯の小規模化などの人口の基本的トレンドとともに、バブル経済破たん後の地価下落と都心志向型のマンション供給などが挙げられた。なお、都市計画の分野では、早くから人口減少社会の到来を予想したコンパクトシティの考え方が紹介され、都市空間を集約的に利用するプランづくりが広まっていた（海道 2001）。

　都市化のステージの変化を示唆する現象は、大都市圏の居住空間の構造変化のほかにもあった。その一つが地方中枢都市における支店集積の縮小である。1950年代以降の地方中枢都市の急成長は20世紀後半の日本の都市化を特徴づける現象の一つであった。しかも、当該都市は「支店経済のまち」と呼ばれ、全国企業の支店集積を成長のけん引力としてきた（日野 1996）。ところが、当該都市においても1990年代後半には、支店の集積量はそれまでの増大から縮小に転じた。しかも、その動きはグローバリゼーション、少子高齢化、情報化などの社会の構造変化を背景にしたものであり、逆戻りすることは期待できない。支店の集積量の縮小は都心のオフィスビルの空室率の増大をもたらし、「テナント募集」のステッカーを貼った都心のオフィスビルが目につくようになった。また、オフィスの用途転換も起こり、街の姿に変化が現れた。

このように1990年代後半以降、日本の大都市の様相は従来とは異なる新しい動きを示してきた。しかも、その変化は欧米の都市化の推移モデルには描かれていない。それだけに、現在進行している日本の都市化は世界から注目されるポスト成長社会の都市化と理解できる。したがって、その変化をつぶさに観察し、その地域的多様性と一般性をともに明らかにし、冒頭に指摘したポスト成長の指向につなげる道を探索することが期待される。本書の意義および目的もここに求められる。

4　本書の構成

次に本書の構成について紹介しておきたい。本書は序章、終章を除くと全体で13章からなる。第1章から第8章までは、1990年代後半以降に顕在化した都心部の人口回復に代表される大都市圏の居住の空間構造の変化を統計およびアンケート調査結果などを使用して多角的にモニタリングするとともに、その直接的要因を考察した論考からなる。第9章から13章は、前者と同様にポスト成長の動向のモニタリングの部分を含むものの、むしろ少子高齢化にともなう高齢者の住環境問題および就業しつつ子育てする世帯が直面する問題などへの取り組みの方向を論じたものである。

対象地域は三大都市圏と地方中枢都市圏である。第1章から第3章は三大都市圏における1990年代後半から2010年までの「都心回帰」に関係した人口動向がGISを駆使して分析・整理されている。したがって、人口動向の一般性と三大都市圏それぞれの地域性を理解できる。第4章は札幌における「都心回帰」の動きが説明されている。加えて、防災の観点から都心部での分譲マンションの増加の問題点について言及されている。

第5章では、都心回帰に関連して、郊外第一世代と第二世代の居住地選択の差異および女性の就業状況の地域差などから、大都市圏内の人口移動はライフコース移動からライフスタイル移動に変化していると指摘している。第6章では、マンション供給の推移を概観し、マンションが永住の場所になりつつあることを紹介し、また首都圏の郊外、近郊、都心それぞれのマンショ

ン居住者の特性の違いを明示している。第7章は、大阪圏の郊外住宅地である奈良県生駒市の通勤流動の変化を手掛かりに、第5章と共通した世代およびジェンダー間の就業選択の違いから、大阪への通勤比率低下の実態に迫っている。第8章は、名古屋圏の近郊に位置する春日井市勝川駅前の再開発事業を事例に、郊外のなかでも駅前再開発地区において分譲マンションと生活関連施設の立地に導かれて人口増加する姿を紹介している。

　第9章は、2000年代後半の東京都心部における人口の自然増加に注目し、都心が子育ての場所になりつつあるとして、都心部における夫婦共稼ぎ世帯の生活行動の姿を描いている。第10章は郊外団地の高齢者が直面している生活環境問題を取り上げ、それを踏まえた今後の方向性として、既存資源を活かしたストック活用型の持続的まちづくりの提案に及んでいる。第11章は日本のニュータウンの先駆けをなした千里ニュータウンにおける近年のマンション建設の紹介と、PFI（プライベート・ファイナンス・イニシアティブ）によるマンション開発が進むなかにあっても高齢者・子育て期の世帯にとっての住環境整備の必要性を説いている。第12章は、東日本大震災で多数の家屋が被災した仙台の郊外住宅団地の復興に関連して、郊外住宅団地の縮退傾向の実態から、コンパクトシティの観点に立った復興プランの立案を提言している。第13章では、広島市高陽ニュータウンで仕事と子育てを両立させている主婦の就業形態、就業意識、居住地の選択理由、夫の支援、親との近居などをつまびらかにしている。

　以上が各章における主な論究事項である。いずれの章も、豊富な図表の提示によって、読者の理解を助けることに配慮している。研究・教育・実務・学習のさまざまな局面で有効活用していただければ、われわれにとってそれに勝る喜びはない。

　なお、本書の研究を進めるにあたって日本学術振興会から研究助成を得た。科学研究費補助金、2012～2015年度基盤研究（A）、「持続可能な都市空間の形成に向けた都市地理学の再構築」、課題番号24242034、研究代表者：日野正輝。この場を借りて感謝の意を表します。また、学術書の刊行を取巻く環境が厳しくなっているにもかかわらず、本書の企画・内容に理解を示し、刊

行を快諾いただいたナカニシヤ出版代表取締役の中西健夫氏、および手間のかかる細やかな編集の仕事をお引き受けいただいた同社編集部の酒井敏行氏に御礼申し上げます。

文献
阿部和俊（1991）『日本の都市体系研究』地人書房。
生田真人（2011）『東南アジアの大都市圏——拡大する地域統合』古今書院。
江崎雄治（2006）『首都圏人口の将来像——都心と郊外の人口地理学』専修大学出版局。
大阪市立大学経済研究所編（1985）『世界の大都市(1) ロンドン』東京大学出版会。
大阪市立大学経済研究所・植田政孝編（1992）『現代大都市のリストラクチャリング』東京大学出版会。
海道清信（2001）『コンパクトシティ——持続可能な社会の都市像を求めて』学芸出版社。
富田和暁（1995）『大都市圏の構造的変容』古今書院。
富田和暁・藤井正編（2010）『新版 図説大都市圏』古今書院。
成田孝三（1987）『大都市衰退地区の再生——住民と機能の多様化と複合化をめざして』大明堂。
日野正輝（1996）『都市発展と支店立地——都市の拠点性』古今書院。
森川洋（1998）『日本の都市化と都市システム』大明堂。
矢作弘（2009）『「都市縮小」の時代』角川書店。
Pallagst, K. Th. Wiechmann, T. and C. Martinez-Fernandez, eds. (2014) *Shrinking Cities: International Perspectives and Policy Implications*, Routledge.

蝉の声が通る青葉山にて
2014 年 7 月　日野正輝

目　　次

序　章　ポスト成長に向かう日本の大都市圏────────日野正輝　i

第1章　東京大都市圏に集中する人口とその変化────小泉　諒　3
1　増加が続く東京大都市圏の人口　3
2　距離帯による人口増減　6
3　東京23区への通勤行動の変化　11
4　東京都区部での世帯構造と住宅　16
5　人口の変化からみえる住まい、仕事、世帯の変化　21

第2章　人口と通勤からみる京阪神大都市圏の空間構造の変化
　　　　────────────────山神達也・藤井　正　25
1　大都市圏の空間構造をめぐって　25
2　人口からみる空間構造とその変化　28
3　通勤パターンからみる空間構造とその変化　32
4　今後の研究に向けて　38

第3章　名古屋大都市圏における空間変容と特質────谷　謙二　41
1　名古屋市と名古屋大都市圏　41
2　名古屋市の通勤圏と人口　44
3　名古屋市通勤者と年齢構成　49
4　郊外の通勤流動と製造業　53

第4章　積雪寒冷都市・札幌における人口の都心回帰
　　　　────────────────────橋本雄一　59
1　積雪寒冷地の大都市・札幌　59

2　都心部で増加する人口　*61*
　3　都心部で急増する分譲マンション　*66*
　4　郊外で増加する従業者　*69*
　5　都心部で深刻化する災害時の避難場所不足　*72*

第5章　東京大都市圏における少産少死世代の居住地選択
　　　　　　　　　　　　　　　　　　　　　　――川口太郎　*77*
　1　都市圏内人口移動の転換　*77*
　2　少産少死世代の居住地選択の背景　*82*
　3　「ライフコース移動」から「ライフスタイル移動」へ　*91*

第6章　東京大都市圏における住宅取得行動の変化――久保倫子　*97*
　1　日本の住宅取得行動の変化　*97*
　2　第二次大戦以降の日本の住宅市場とマンション居住の浸透　*98*
　3　東京都心部におけるマンション供給　*103*
　4　大都市近郊におけるマンション供給と居住者の特性　*107*
　5　居住地域構造の変化と今後の課題　*109*

第7章　京阪神大都市圏郊外における中心都市への通勤者数減少
　　　　について　奈良県生駒市を中心に―――――稲垣　稜　*113*
　1　大都市圏の構造と通勤流動　*113*
　2　郊外居住者の通勤行動　*119*
　3　中心都市への通勤者数減少の要因　*124*

第8章　ポスト成長社会における名古屋大都市圏郊外の居住地選
　　　　好　　　　　　　　　　　　　　　　　――大塚俊幸　*129*
　1　名古屋大都市圏の人口変動　*129*
　2　変貌する名古屋大都市圏の郊外　*135*
　3　郊外の駅前再開発マンションと居住世帯　*138*

4　郊外駅前マンション居住世帯の居住地選好　*142*

第9章　働きながら子育てをする場所としての東京都心
　　　　　　　　　　　　　　　　　　　　　　　　　矢部直人　*149*
　　1　東京都心への人口回帰　*149*
　　2　市区町村別統計からみる人口回帰　*150*
　　3　小地域統計からみる人口回帰　*160*
　　4　生活時間からみる人口回帰　*164*

第10章　大都市圏郊外の高齢化とまちづくりの課題
　　　　　　　　　　　　　　　　　　　　　　　　　宮澤　仁　*171*
　　1　日本の大都市圏における高齢化　*171*
　　2　高齢化が進む郊外住宅地の現状　*175*
　　3　高齢者のための住環境整備と生活支援の取り組み　*181*
　　4　超高齢時代に向けたストック活用型のまちづくり　*187*

第11章　千里ニュータウン内外における住宅開発の特徴とその課題
　　　　　　　　　　　　　　　　　　　　　　　　　香川貴志　*189*
　　1　転機を迎えた郊外の成熟ニュータウン　*189*
　　2　ニュータウン内の住宅再開発　*192*
　　3　ニュータウン周辺の住宅開発　*195*
　　4　少子高齢社会における郊外ニュータウンの課題　*199*

第12章　コンパクトシティと郊外問題
　　　　　　仙台市における東日本大震災による宅地被災からの考察
　　　　　　　　　　　　　　　　　　　　　　　　　千葉昭彦　*205*
　　1　東日本大震災での宅地被災状況とその復旧事業　*205*
　　2　郊外住宅地の現状と課題　*208*
　　3　仙台市における郊外問題の現状　*210*

4　コンパクトシティ化と震災復興事業の方向性　*219*

第13章　郊外住宅地における女性就業と子育て
　　　　　広島市高陽ニュータウンの事例————————由井義通　*223*
　1　地理学の地域貢献　*223*
　2　高陽ニュータウンの概要　*224*
　3　住宅団地内の保育環境の変化　*228*

終　章　ポスト成長社会における都市地理学の課題と今後の方向性————————————————————香川貴志　*241*

索引　*247*

変わりゆく日本の大都市圏
──ポスト成長社会における都市のかたち

第1章
東京大都市圏に集中する人口とその変化

1　増加が続く東京大都市圏の人口

東京大都市圏の人口動態

　2000年代後半に、日本は総人口が減少する時代を迎えたとされる。しかし、社会保障・人口問題研究所の推計では、東京大都市圏が人口減少を迎えるのは2030年頃とされる。

　日本の首都であり、さまざまな政治的・経済的機能が集積する東京大都市圏は、多くの人口を抱えている。2010年の国勢調査結果によると、日本の総人口のおよそ25%が集中しており、とくに20〜39歳では30%を超えている。東京都区部に限ってみれば、東京都総務局による推計人口が、2012年6月に過去最高の900万人を突破した。

　さて東京大都市圏の人口問題については、幅広い分野から研究調査が行われている。東京大都市圏に関する研究のなかでは、大都市圏内部での人口構造や、人口移動の変化が近年注目されている。例えば、「(人口の) 都心回帰」としてニュースなどでも大きく報道された都心部における人口回復や、大都市圏郊外における人口増加の鈍化または減少が指摘されている。それに関連して、人口が急増した地区における保育所や小学校の不足や、人口が減少した地区における施設統廃合や商業施設の閉店などの問題が生じている。

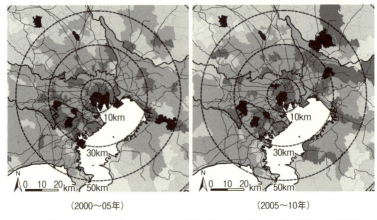

図 1-1　2000 年代の人口増加率

出所：国勢調査結果より作成。

　それでは、1990 年代以降、東京大都市圏では人口に関連するどのような状況が変化したのだろうか。以下では主に国勢調査結果を分析して、その変化を明らかにすることとする。なお、国勢調査結果の分析で人口増加率などの比率を求める際、その分母となる総数には「不詳」が含まれている。

2000 年以降の東京都心部における人口回復

　1990 年代後半以降、とくに 2000 年以降の特徴として、東京都区部での人口回復が顕著であることが挙げられる（図 1-1）。

　2000 年から 2005 年の期間では、東京駅から 10km 圏内をはじめ、50km 圏内の多くの市区町村で 5% 以上の人口増加がみられた。それに続く、2005 年から 2010 年では、東京の都心 3 区（千代田区、中央区、港区）で引き続き 20% を超える顕著な人口増加がみられたほか、千葉県や茨城県のつくばエクスプレス（2005 年開業）沿線や千葉ニュータウンなどでの増加が顕著である。神奈川県では横浜市西区や神奈川区のほか、川崎市の多摩川沿いで高い。

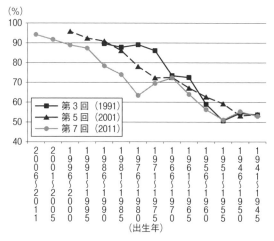

図 1-2　東京圏居住者に占める東京圏出身者の比率
出所：第3、5、7回人口移動調査より作成。

東京大都市圏で生まれ育った人口比率の上昇

　このような人口増加に加えて、質的な変化も生じている。たとえば、東京大都市圏内で生まれ育った割合が、若い世代ほど上昇していることである。図 1-2 は、社会保障・人口問題研究所が行っている「人口移動調査」における、東京圏居住者の東京圏内で出生した比率を、出生年で示している（東京圏は埼玉県、千葉県、東京都、神奈川県）。これによると、2001 年から 2011 年のあいだに若年者を中心に東京圏出身者の割合が低下している。つまりこの世代を中心として東京圏への流入が相対的に大きかったと考えられるが、第二次ベビーブーマー前後にあたる 1960 年代後半から 1970 年代前半生まれの流入者の比率は小さい。このことから、第二次ベビーブーマー前後の世代は他の世代に比べ、東京圏に相対的に多く残留していると考えられる。しかし、彼らの親世代である 1940 年代出生の世代では、東京圏出身者はおよそ半数にすぎない。すなわち、東京圏以外で生まれ育ち、進学や就職を機に東京圏へ流入する流れが多くみられ、その子世代（第二次ベビーブーマー）前後の世代で、東京圏内出身者の割合が高くなっているといえる。

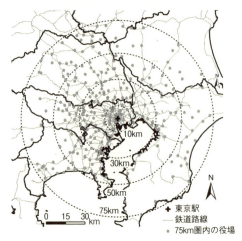

図1-3 研究対象の自治体と距離帯区分

2 距離帯による人口増減

距離帯によって異なる人口の増減

　ここでは、東京大都市圏の人口増減を、距離帯ごとに分析する。東京駅から市区町村役場（2010年10月1日時点）までの距離を求め、人口の増減を分析する（図1-3）。以下では、その距離が10km圏内を「A圏」、10～30km圏を「B圏」、30～50km圏を「C圏」、50～75km圏を「D圏」と呼び、それぞれの圏に立地する自治体の人口を集計する。なお、各年次の人口データは、2010年10月1日現在の自治体で組み替え、比較可能としている。

　まず、1990年、2000年、2010年の3時点で、どのように人口が増減したか集計した（図1-4）。その結果、A圏では1990年から2000年の期間に減少したものの、それ以外の各圏ではそれぞれ人口は増加している。しかし、その程度には距離帯による差異がみられる。とくにB圏とC圏を比べると、C圏の人口増加が鈍くなったことがわかる。C圏は東京駅から30～50km圏であり、いわゆる大都市圏郊外の地域が多く含まれる。その一方、都心部にあたるA圏では2000年から2010年にかけて10万人以上増加し、1990年の

第 1 章　東京大都市圏に集中する人口とその変化

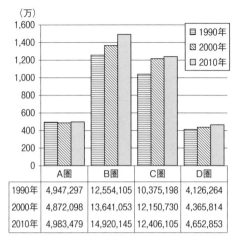

図 1-4　東京駅 10、30、50、75km 圏内における人口増減
出所：国勢調査結果より作成。

人口を上回った。このような増加が「（人口の）都心回帰」とされたわけだが、「回帰」という単語の含意からすると、さも都心で出生して一度郊外へ移動した人々が都心へ戻ってきたような意味合いになってしまう。しかし、人々の移動や居住経歴の把握は難しく、そのような移動ばかりとは限らない。よって、正確性を期すならば、「都心部における人口回復」が適切といえよう。

距離帯別の人口の年齢構成とその変化

　続いて、距離帯ごとの人口の年齢構成を分析する（図 1-5）。

　1990 年時点では、A 圏と B 圏の傾向は類似している。B 圏と同じく郊外住宅地域を多く抱える C 圏では、第一次ベビーブーマー世代にあたる 40〜44 歳（1945〜49 年に出生）の比率は A 圏、B 圏と同程度である。しかし、彼らの子世代にあたる山が 5 歳若いほうへずれており、A 圏、B 圏の第一次ベビーブーマーに比べると子をもつ時期が多少遅かった可能性がある。

　その後、都心部での人口増加が指摘され始めた 2000 年になると、第二次

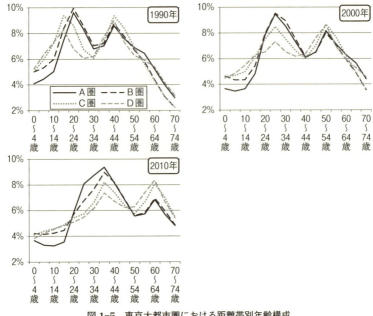

図 1-5　東京大都市圏における距離帯別年齢構成
出所：国勢調査結果より作成。

ベビーブーマー世代にあたる25～29歳（1970～74年に出生）の比率がA圏、B圏とD圏で2ポイント近く差がつく。C圏はその中間といえる。

そして2010年では、35～39歳（1970～74年に出生）の比率は2000年と同程度であるが、それより若い世代の比率が、A～D圏で異なる。たとえば、20～24歳比率はいずれの圏でも5％程度であるが、25～29歳比率はA圏とD圏では3ポイントの差がつく。A圏とB圏を比較すると、A圏は25～29歳でB圏より高いものの、B圏では20歳未満人口比率がC圏、D圏と同程度である。

以上より、年齢構成は1990年時点では各圏で第一次ベビーブーマー世代と第二次ベビーブーマー世代の二こぶ状であったが、1990年代後半以降に第二次ベビーブーマー世代を中心として地域差が現れた。最も都心であるA圏では若年層の比率が他の圏よりも上昇し、2010年には25～39歳が全体の

第1章　東京大都市圏に集中する人口とその変化

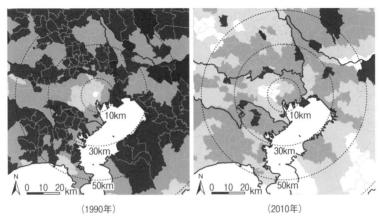

□3.0%未満　□3.0%〜4.0%未満　■4.0%〜5.0%未満　■5.0%〜6.0%未満　■6.0%以上

図1-6　総人口に占める0〜4歳人口比率の分布

出所：国勢調査結果より作成。

25%以上を占めるまでになった。その一方、大都市郊外であるC圏は、1990年時点ではA圏、B圏と類似した構成であったものの、2010年時点では都心から最も離れたD圏と類似する年齢構成となった。

乳幼児比率の地域差の縮小

　世帯の形態が変化すると、必要とされる住宅の形態も変化する。結婚や出産といった世帯人員が変化するライフイベントは、より広い住居を求めて転居するきっかけとなる。

　ライフイベントとの関連で年齢構成を分析すると、人口に占める乳幼児（0〜4歳人口）比率の地域差が縮小している（図1-6）。1990年時点では、乳幼児比率は、方角による差異はあるものの、都心部で低く、都心から離れるほど高くなる傾向がみられる。2010年時点の乳幼児比率は、1990年に比べて、少子化を反映して全体的に低くなっている。しかし30km圏内では低下が比較的小さく、10km圏内であっても郊外の自治体と同程度の比率を示す自治体もみられる。もちろん乳幼児は自ら居住地を選択するわけではないため、これらの図からは、子をもった夫婦世帯の居住地選択行動が変化している可

能性が読み取れる。

　1990年代後半以降には、都心周辺部でありながら、これらの世帯の受け皿となるような、住宅が多く供給されたことが指摘されている。とりわけ、都心周辺の湾岸部にみられる超高層マンション群のように、住宅供給の空間的パターンが変化したことがその要因として考えられる。

住宅取得年代の時代による人口増減の違い

　年齢構成に続いて、コーホートに着目する。『現代人口学辞典』によると、コーホートとは「同じ時期に同じ人口事象を経験した集団」であり、ここでは同時期に出生した集団として用いる。たとえば第二次ベビーブーマー世代とされる1970〜74年出生コーホートは、2000年時点では25〜29歳となり、2010年時点では35〜39歳となる。

　出生コーホートごとに距離帯の人口増減を求めると、住宅取得年代の人口増減に差異が確認された。持家の一次取得は30代に多いとされることから、ここでは25〜29歳と35〜39歳の人口増減を比較する（図1-7）。

　その結果、1990年から2000年のあいだに住宅取得年代を迎えた1960〜64年出生コーホートと、2000年から2010年のあいだに住宅取得年代を迎えた1970〜74年出生コーホートのあいだで、人口増減のパターンに差異がみられた。

　1960〜64年出生コーホートの場合は、1990年に比べて2000年はA圏とB圏では減少、C圏で大きく増加し、D圏でも増加した。それに対し、10年後に住宅取得年代を経験した1970〜74年出生コーホートでは、2000年と2010年のあいだで各圏の人口には大きな増減は確認されない。

　すなわち、1990年から2000年に住宅取得年代を迎えた人の集団は、都心部から郊外へと移動するパターンを示したが、2000年から2010年にかけてはそれと同様の増減は現れなかった。これには二つの可能性が存在する。一つは、1970〜74年出生コーホートは、1960〜64年出生コーホートに比べ、住宅取得の時期が遅れており、住宅取得を目的とした移動が進んでいないこと。もう一つは、持家を取得するためには、以前は郊外へ移動しなければ不

第1章　東京大都市圏に集中する人口とその変化

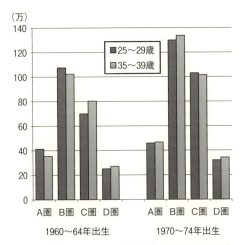

図1-7　出生コーホートからみた年代別居住地の変化
出所：国勢調査結果より作成。

可能であったが、2000年代以降に都心周辺部にも手ごろな住宅が供給されたことによって、短距離の移動で可能になったことである。

3　東京23区への通勤行動の変化

東京都区部で働く人数の減少

　続いて、就業者に注目する（通学者は除外する）。東京23区を従業地とする就業者の変化を、年齢ごとに示した（図1-8）。1990年から2010年にかけて、東京23区で就業する人数は1995年の726万人を境に減少している。しかし、就業者の増減を男女別にみると、男性では減少しているものの、女性では増加している。この背景として、男性の場合には2000年以降に第一次ベビーブーマー世代の退職が進んだことがある。女性の場合には、第二次ベビーブーマー世代が上の世代に比べ、就業を継続している割合が高いことがある。これには、男女間での雇用機会や待遇に差別を禁じた1999年の男女雇用機会均等法改正の効果も考えられる。
　このような就業者数の変化は、居住地選択行動に変化を与えると考えられ

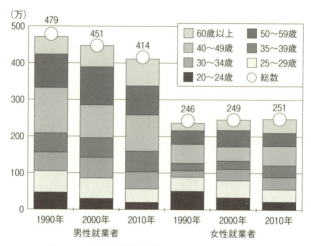

図 1-8　東京都区部を従業地とする男女別就業者数
出所：国勢調査結果より作成。

る。第一次ベビーブーマー世代には地方出身者の割合が高いため、東京へ流入した時点では、都心部の賃貸住宅に定着した世帯が多いとされる。その後、持家を取得するために都心部から郊外へ移動する居住地移動を経験した割合が高いと考えられ、東京駅から30km以上離れた地域にも、東京都心へ通勤する就業者向けに多くの郊外住宅地が供給されてきた。しかし東京大都市圏で生まれ育った第二次ベビーブーマー世代には、生まれ育った家が東京大都市圏内に存在する。大都市圏郊外で生まれ育った彼らを「郊外第二世代」と呼ぶこともあるが、彼らにとって大都市圏郊外は所与の地である。彼らには、親世代とは異なる東京大都市圏のイメージがあると考えられ、そのことが、彼らの居住地選択に影響する可能性がある。

東京23区の通勤圏の広がり

　それでは、東京23区の就業者はどのあたりから通勤しているのだろうか。市区町村に住む就業者の5％以上が東京23区へ通勤している範囲を東京23区の通勤圏とみなし、分析する（図1-9）。

　1990年と2000年、2010年を比較すると、東京23区の通勤圏（着色され

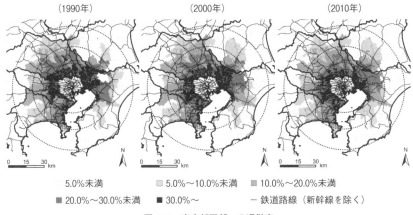

図1-9 東京都区部への通勤率
出所：国勢調査結果より作成。

ている地域）の範囲に、大きな変化はみられない。しかし詳しくみると、2000年から2010年にかけて、通勤率が高かった地域（色の濃い地域）が縮小していることが読み取れる。通勤率は居住する就業者数と東京23区での就業者数を除したものであるから、色が薄くなった地域では、就業者数の増減に対し、東京23区での就業者数の増減が相対的に小さかったことが指摘できる。

この結果からは二つの可能性が考えられる。一つは、東京23区で就業する人数が（居住する就業者数以上に）減少した可能性である。もう一つは、東京23区以外で就業する人数が（居住する就業者数以上に）増えた可能性である。サービス経済化の進展にともない、大都市圏郊外でもさまざまな就業機会がみられるのである。

通勤行動に存在する男女差

これらの変化の背景には、男女による通勤行動の差違が存在する。ここでは、2000年の国勢調査から開始された従業地の男女別集計を分析する。2000年と2010年の東京23区への通勤者比率の変化をみると、男性では通勤圏の空間的な広がりは維持されているが、距離の増大による通勤率の低下が大きくなったと指摘できる（図1-10）。そのなかでも、1990年時点では30km圏

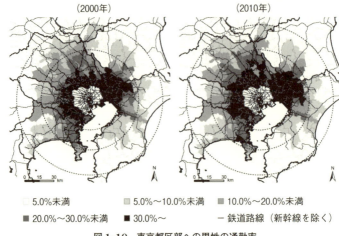

図1-10 東京都区部への男性の通勤率
出所：国勢調査結果より作成。

の自治体と同程度の高い通勤率を飛び地状に示していた鎌倉市や逗子市では、その割合が低下したのが目立つ。一方女性では、通勤率が男性に比べて低く、空間的な広がりも男性と比べると小さい（図1-11）。

　この男女差からは、通勤圏の把握に男女を合算した値を用いると、空間的な広がりの把握が不十分であることを示す。先に述べたように、東京23区での男性就業者は減少し、女性就業者は増加している。これまでも一般に男性と比べ女性の通勤距離は短いことは指摘されており、近年の傾向を把握する場合に男女を合計した分析を行うと、合計に占める女性の割合が増大している効果が作用し、空間的な縮小が実際より強く示されることになる。

東京大都市圏の拡大と住宅取得

　このような通勤行動の変化には、大都市圏の形成メカニズムとの関係が考えられる。図1-12は、国勢調査における東京大都市圏の人口集中地域（DID）の拡大を示している。東京大都市圏のDIDは、1960年から1975年のあいだに急速に拡大した。この要因として考えられるのが、住宅取得を目的とした、都心部から郊外への転出である。

第1章　東京大都市圏に集中する人口とその変化

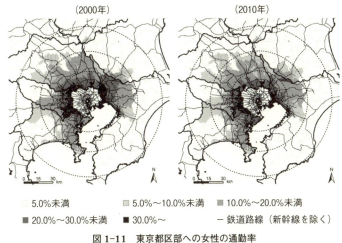

図 1-11　東京都区部への女性の通勤率
出所：国勢調査結果より作成。

　この時期は高度経済成長期にあたり、住宅難が深刻であった。当時京都大学助教授であった上田篤は、「貧しき日本のすまい」という朝日新聞コラムに以下のように書いている。

> 私の研究室における「住かえの研究」から生まれてきた現実の庶民の住宅の住かわりの傾向を、分かりやすく図化したものであるが〔図1-13〕、この図にみる通り、国民の住居の最終目標が「一戸建住宅」にあり、「アパート」も「マンション」も、みなその間の「経過的な宿り」であるような、一種「住宅双六」とでもよぶにふさわしい絵模様が現実に存在している。とすると、最終的には、「一戸建住宅」を三千万戸ほどつくらないかぎり住宅難は解消されないことになる理屈である。(『朝日新聞』1973年1月3日付朝刊14面、東京)

　渡辺良雄が示した住居とライフサイクルの関係や、「住宅双六」に示されるように、地方圏から東京圏への流入者の最初の定着先は都心やその周辺の賃貸住宅であった。その後、配偶者を得て子供をもつといったように世帯が

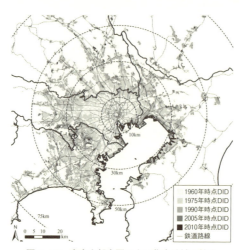

図 1-12　東京大都市圏の人口集中地域の拡大
出所:「国土数値情報（DID人口集中地区データ）」国土交通省を用いて作成。

拡大するなかで、より広い住宅を求めて郊外へ転出したとされる。DIDはその後も拡大が続き、理想の住環境を求めて移動したアメリカ型と異なる「押し出された郊外化」が進んだ。しかし1991年のバブル経済崩壊にともなって地価が下落し、DIDの拡大はペースを落とした。さらに1990年代後半以降は、小泉政権の「都市再生」政策によって、東京都心部で建築規制や都市計画規制が緩和された。その結果として開発の目は都心部に向けられ、東京大都市圏の面的な拡大はほぼ小康状態となった。

4　東京都区部での世帯構造と住宅

進む世帯の小規模化

続いて、1990年代後半以降に人口増加がみられる東京都区部に注目する。これまでの研究で、東京都区部の人口増加には若年層の寄与が大きいことが示された。しかし、いくつかの研究は、都心部の人口増加には若年層に限らず、人口増加には多様な年代や世帯が影響していることを明らかにしている。

第 1 章　東京大都市圏に集中する人口とその変化

図 1-13　現代住宅双六
出所:『朝日新聞』1973 年 1 月 3 日東京本社版朝刊 14 面（朝日新聞記事データベースから）。

そこで本節では、どのような世帯が多く存在しているかを分析する。

しかし、国勢調査の世帯の家族類型が 2010 年調査より一部変更されたことから、複数人世帯の増減を 2005 年調査以前と厳密に比較することは困難となってしまった。そこで、影響を受けない単独世帯の動向と、世帯当たり人員の動向を分析する。

1990 年から 2010 年の東京都区部における一般世帯数、単独世帯数とその比率、1 世帯当たり人員を示したものが図 1-14 である。これをみると、単独世帯数の増加と比率の上昇が、近年の東京都区部における世帯の変化の特徴であるといえる。2010 年時点では、東京都区部のほぼ半数の世帯が単独世帯となり、それを反映して 1 世帯当たり人員は 2 人を割り込んだ。この背景には、若年者の晩婚化のみならず、高齢夫婦の配偶者の死亡による高齢単身世帯の増加の影響も大きい。

縮小する未婚率の男女差

　これら単独世帯の増加や世帯の小規模化の背景には、未婚化・非婚化や晩

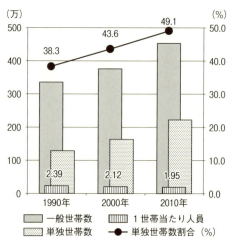

図 1-14　東京都区部の世帯類型別世帯数と 1 世帯当たり人員

出所：国勢調査結果より作成。

婚化といった配偶関係の変化がうかがえる。たとえば晩婚化によって婚姻年齢が上昇すると、世帯としてもつ子どもの数が少なくなることが考えられる。

　東京都区部におけるコーホートごとの男女別未婚率を示した図 1-15 からは、未婚率の下がり方の男女による差と時代による差が読み取れる。いずれの時期でも、男性に比べると女性の未婚率が低いものの、1990 年時点と比べると、2010 年時点では 20 代後半から 30 代前半を中心として男女差は縮小している。未婚率は上昇の一途をたどるといわれたが、2000 年から 2010 年にかけて、男性では 20〜34 歳で、女性では 20〜29 歳で未婚率は低下している。しかし図 1-15 からみると、未婚率低下の曲線の傾きは緩やかになっており、年齢が上昇しても未婚率の低下が進みにくい状態となった。

世帯の形態と持家率

　このような配偶関係の変化は、住宅取得にどのような影響を与えているのだろうか。世帯形態と持家率には一定の関係が確認される。一般世帯の持家率は年齢の上昇とともに上昇するようにみられるが、世帯類型に注目すると、

第 1 章　東京大都市圏に集中する人口とその変化

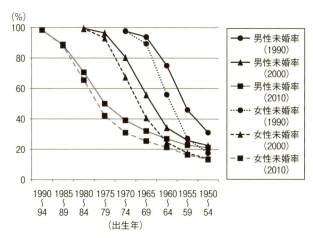

図 1-15　東京都区部常住者のコーホート別未婚率の推移
出所：国勢調査結果より作成。

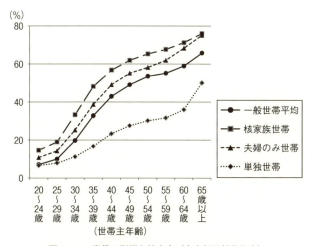

図 1-16　世帯の形態と持家率（東京都区部常住者）
出所：2010 年国勢調査結果より作成。

持家率を引き上げているのは複数人世帯である（図 1-16）。
　これによると、単独世帯の持家率は、複数人世帯の持家率を下回っている。高齢者の単独世帯の持家率が急速に高まるのは、夫婦のみ世帯が夫婦どちら

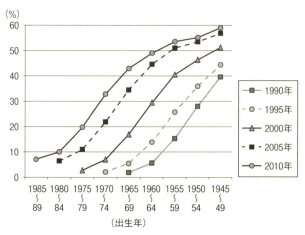

図 1-17　東京都区部常住者のコーホート別持家率の推移
出所：国勢調査結果より作成。

かの死別によって単独世帯となったことによる影響と考えられる。つまり、未婚化や晩婚化は、単身世帯化や小規模世帯化を進め、持家率の上昇には結びつかない。

　それでも、都区部への住宅供給の増加によって、持家率は緩やかに上昇してきた。しかし 2008 年 9 月のリーマンショックによって不動産バブルが崩壊したとされ、2000 年から 2005 年にみられたような持家率の上昇は、2005 年と 2010 年の 2 時点の比較では確認されなかった。

出生コーホートによる持家取得年代の違い

　この持家率の上昇を、コーホート別に示したのが図 1-17 である。年齢が上がるごとに持家率の上昇がみられるが、その上がり方は期間によって異なる。

　たとえば、1990 年と 1995 年のあいだは上昇が小さく、1995～2000 年、2000～05 年に大きな上昇がみられる。1990～95 年はバブル経済崩壊後の不況時にあたり、地価の下落が進むなかで、住宅取得を先送りする判断がみられたと考えられる。その後の 1990 年代後半以降は、東京都心の一部では地価が

上昇に転じるなど大都市圏内の地域差が開き始めた時期であり、また、都市再生政策の後押しによる建築規制の緩和などによって、都心周辺部へ住宅供給が進んだ時期でもある。バブル経済崩壊後に住宅取得を手控えていた世代と、住宅取得期を迎えた第二次ベビーブーマーらの持家率は、2000年から2005年のあいだに大きく上昇した。すなわち彼らは、東京都区部から出ることなく、持家が取得できたと考えられるのである。

5　人口の変化からみえる住まい、仕事、世帯の変化

拡大期を支えてきた世代の引退とこれから

　ここまで、統計データの分析や地図化から、1990年以降の東京大都市圏の人口や住まいの変化を明らかにしてきた。十分に捉えきれていない部分も残されているが、就業者数が減少に転じた東京大都市圏の変化をまとめ、考察していきたい。

　分析を通して、東京大都市圏の人口分布の動向に対して、コーホート間の違いが大きな変化であることが明らかになった。とくに、第一次ベビーブーマーと第二次ベビーブーマーの動向は、東京大都市圏全体の動向の把握に大きな影響を与える。第一次ベビーブーマーのコーホート規模の大きさは、東京大都市圏を水平的に拡大させる原動力となった。市区町村単位での通勤行動と年齢のクロス表は存在しないため直接には分析できなかったが、彼らの住宅取得期とDID化の時期が重なる大都市郊外のなかには、通勤圏の縮小や通勤率の低下がみられる。高度経済成長期からバブル経済崩壊後までを経験してきた第一次ベビーブーマー（とくに男性）の退職は、大都市圏郊外に広がる「同じ時期に同じ人口事象を経験した地域」が本格的な高齢化を迎えることを示す。

第二次ベビーブーマー、若年者のこれから

　図1-18に、第二次ベビーブーマーやその前後の世代をとりまく環境要素をまとめた。彼らの世代においては、上の世代よりも30代後半以降の未婚

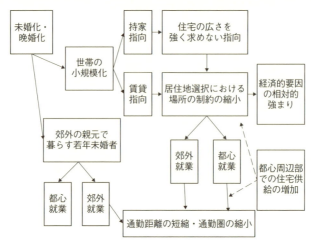

図 1-18　第二次ベビーブーマー世代の居住地選択のパターン

率が低下していないことから、未婚化・非婚化や晩婚化によるライフステージ移行が進んでいないことがうかがえた。

　これらによって世帯は小規模化し、望む住宅の形態も多様化する。彼らが住宅取得期を迎えた 2000 年以降にみられた都心周辺部への住宅供給は、住宅取得を望み可能である世帯の持家取得を促進させた。しかし、住宅取得は彼らの親世代が指向した「住宅双六」のような形態ではなく、むしろ居住地選択における自由度が高まったぶん、個人や世帯の経済的要因が相対的に強まったと考えられる。

東京大都市圏は社会的分極化が進むのか？
　終わりに、今後の東京大都市圏を考えてみる。これまで挙げてきたような変化から考えられる問題の一つは、就業機会や住宅を通して、社会的分極化とされる社会階層の空間的な分化を招く可能性である。たとえば就業機会では、日本においては正規雇用と非正規雇用の待遇差や所得水準の差が大きいといわれている。しかし若年者における非正規雇用割合に大きな低下の傾向はみられず、世帯形成や住宅取得期を迎えた若年者に多大な影響を与えると

考えられる。さらには所得水準が高いと婚姻率が高いといった関係も指摘されており、社会経済的側面と家族・世帯的側面の関連が強まっていると考えられる。こうしたなか、東京大都市圏、とくに都心部でみられる未婚化や単独世帯化は、今後どのような変化をみせていくのか、注目される。

文献

江崎雄治（2006）『首都圏人口の将来像——都心と郊外の人口地理学』専修大学出版局。
倉沢進・浅川達人編（2004）『新編　東京圏の社会地図　1975-90』東京大学出版会。
小泉諒（2010）「東京大都市圏における職業構成の空間的パターンとその変化」『季刊地理学』第 62 巻 2 号、61-70 頁。
平山洋介（2006）『東京の果てに』NTT 出版。
水野真彦（2010）「2000 年代における大都市再編の経済地理——金融資本主義、グローバルシティ、クリエイティブクラス」『人文地理』第 62 巻 5 号、426-444 頁。
宮澤仁・阿部隆（2005）「1990 年代後半の東京都心部における人口回復と住民構成の変化——国勢調査小地域集計結果の分析から」『地理学評論』第 78 巻 13 号、893-912 頁。
渡辺良雄（1978）「大都市居住と都市内部人口移動」『総合都市研究』第 4 号、11-35 頁。

（小泉　諒）

第 2 章
人口と通勤からみる京阪神大都市圏の空間構造の変化

1 大都市圏の空間構造をめぐって

大都市圏の形成過程

　近代以降、空間的な拡大を遂げてきた都市は、大都市圏として把握される空間構造を有している。大都市圏は、人口規模の大きい地域の中心的な都市(中心都市)と日常生活の面で中心都市と密接に結びつく周辺地域(郊外)とで構成され、その形成過程は以下のように要約できる。

　近代以降の都市成長は地価高騰をもたらし、都心は商業・業務機能に純化する一方、入手可能な住宅の供給地は次第に都心から遠ざかり、「働く場」の都心と「住まう場」の郊外との地域分化、つまり職住分離が進展した。このような住宅地は中心都市の周辺に位置する市町村に大量に形成され、都市住民の日常のさまざまな行動は行政上の市域を越えて営まれるようになった。このようにして、都心を抱える中心都市を結節点としてその周辺地域である郊外が機能的に結びついた大都市圏が形成されたのである(山神 2014)。

既存研究の整理と本章の目的

　実質的な都市空間が行政上の市域を越えて拡大した現在、都市の実態把握に向けては大都市圏を設定する必要がある。大都市圏の設定では、中心都市

を定めたあとに郊外の範域を画定するという手順が採られ、中心都市と郊外の結びつきを示す指標として通勤データが多用される。通勤行動は買い物や娯楽などの行動と類似性が大きいことから日常生活行動を代表するものであることと、国勢調査のデータを利用できることにその理由がある（成田 1995）。

大都市圏の空間構造をめぐっては、住宅地の形成にともなう人口の郊外分散、郊外から中心都市への通勤流動、従業地の郊外分散、郊外での就業上の中心（郊外核）の形成などが研究されてきた。このうち、従業地の郊外分散は中心都市への依存度の低下を示す郊外自立化として、また郊外核の形成は都市圏多核化として議論されてきた（富田 1995；藤井 2007；石川 2008）。

さらに、近年になって新たな動向が出現した。1990年代後半からいわゆる人口の都心回帰が生じるとともに、郊外住宅地での高齢化や人口流出が問題化してきた（江崎 2006）。また、郊外から中心都市への通勤者数が減少して、中心都市の通勤圏が縮小した（谷 2010；山神 2013）。こうした動向をもとに、人口減少時代の到来を見据えて多様な居住のあり方を展望した研究もある（広原ほか 2010）。これらの研究は大都市圏の拡大傾向から縮小傾向への転換を示唆するが、こうした状況の全体像にはまだ不明な点が残る。

以上をふまえ、本章では、1990～2010年の京阪神大都市圏を対象として、人口分布と通勤流動がどのような変化を遂げてきたのかを検討することを目的とする。その際、特定の市町村に対象を絞るのではなく、京阪神大都市圏の空間構造が全体としてどのように変化したのかを明らかにし、脱成長時代の大都市圏の変容過程を検討する際の基礎となることを目指す。

使用するデータと大都市圏の設定

本章で使用する人口と通勤のデータは『国勢調査報告』の各年版から得た。地区単位は平成の大合併の進展をふまえて2010年の市町村域とし、合併前の市町村のデータを2010年の境域に合算した。また、大都市圏の設定では、京阪神大都市圏が三極構造を有することをふまえ、京都・大阪・神戸の3都市を中心都市（中心3市）とし、対象期間中に15歳以上常住就業者の中心3市への通勤率が一度でも5％を超えた周辺市町村を郊外とした。こうして

第 2 章　人口と通勤からみる京阪神大都市圏の空間構造の変化

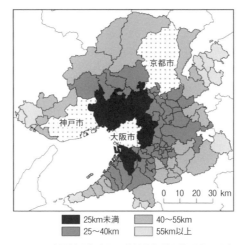

図 2-1　京阪神大都市圏の範域と加重平均距離の分布

注：着色部分が京阪神大都市圏の範域である。また、加重平均距離は、各市町村の役所役場から京都市・大阪市・神戸市の各市役所までの直線距離を求めたのち、大阪市役所までの距離について 3 倍の重み付けをして加重平均を求めたものである。

設定される郊外市町村数は 111 であり、その範域を図 2-1 に示した。

　また、本章では、都心からの距離にもとづく分析を行う。はじめに、京都市・大阪市・神戸市の各市役所を都心とし、各都心から郊外市町村の役所・役場までの距離を計算した。そして、京阪神大都市圏が三極構造を有すること、そして従業地による就業者数は京都市と神戸市が近似するのに対して大阪市は他 2 市の約 3 倍の値を示すことをふまえ、郊外の各市町村について、大阪市役所からの距離に 3 倍の重みをつけた各都心からの加重平均距離を求めて都心からの距離とした。加重平均距離の分布をみると（図 2-1）、大阪市に隣接する市町村、および京都市と神戸市とのあいだの市町村で値が小さく、琵琶湖沿岸や神戸市西方で値が大きい。なお、加重平均距離の最小値は大阪府吹田市の 17.7km であり、最大値は滋賀県近江八幡市の 69.2km である。

表 2-1 京阪神大都市圏における人口の動向

		1990	1995	2000	2005	2010
人口 (千人)	京阪神大都市圏	16,997.6	17,194.6	17,444.6	17,556.2	17,656.9
	中心3市	5,569.4	5,497.1	5,566.6	5,629.0	5,683.5
	郊外	11,428.2	11,697.5	11,878.0	11,927.2	11,973.4
人口増加率 (%／5年)	京阪神大都市圏		1.16%	1.45%	0.64%	0.57%
	中心3市		−1.30%	1.26%	1.12%	0.97%
	郊外		2.36%	1.54%	0.41%	0.39%

出所:『国勢調査報告』各年版より作成。

2　人口からみる空間構造とその変化

中心3市と郊外の人口

　本節では、人口分布をもとに京阪神大都市圏の空間構造とその変化を検討する。まず、京阪神大都市圏の人口をみると（表2-1）、1990年は約1700万人であり、その後に人口増加が継続して、2010年では約1766万人となった。日本社会は人口減少期に突入したが、京阪神大都市圏も含めた人口規模の大きい都市圏では人口増加が継続している。また、郊外の人口は中心3市の約2倍であり、郊外居住者が多数を占めている。

　次に人口増加率をみると（表2-1）、1990～95年では、中心3市の人口が減少するのに対して郊外の増加率が高いという、人口の郊外分散が進展していた。次いで1995～2000年になると、中心3市の人口が増加に転じたものの郊外の増加率のほうが高く、相対的な人口分散傾向にあった。しかし、2000年代に入ると、中心3市の増加率が郊外を上回るようになった。京阪神大都市圏における人口分布の変動は、2000年前後を境として、郊外への分散傾向から中心3市への集中傾向へと転換したのである。

距離帯別にみた人口分布

　次に、中心3市からの加重平均距離という空間の次元を導入する。距離帯別に集計した人口をみると（図2-2）、中心3市および25km圏にそれぞれ550

第 2 章　人口と通勤からみる京阪神大都市圏の空間構造の変化

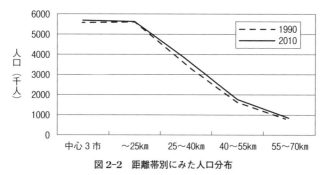

図 2-2　距離帯別にみた人口分布

注：距離帯は図 2-1 に示した加重平均距離による。
出所：『国勢調査報告』各年版より作成。

万人ほどが居住し、都心から離れるにつれて人口は少なくなる。また、1990年と2010年を比較すると、人口の郊外分散により25km以遠の範囲で人口が増加したことがわかる。ただし、都心から離れるにつれて人口が少なくなるという人口分布パターンに変化はみられない。

一方、距離帯別に集計した人口増加率をみると、時期による違いが大きい（図2-3）。まず1990～95年では、中心3市と25km圏で人口が減少したのに対し、25km以遠で人口増加が著しい。ドーナツ化現象による人口減少は中心3市に隣接する市町村にまで及ぶ一方、都心から離れた地域で人口が急増したのである。1995～2000年でも中心3市から離れるほど人口増加が大きいという傾向は継続するものの、その増加幅は縮小した。加えて、中心3市と25km圏が人口増加に転じ、人口増加の距離帯別の差が縮小した。

そして2000年代に入ると、距離帯別の人口増加の差がさらに縮小した。そのなかで、2000～05年は40～55km帯を、2005～10年は25～40km帯を増加率の最低点とする凹型のグラフが描かれている。つまり、2000年以降、都心に近いほど人口増加が大きいという人口の集中傾向と、外縁部で人口増加が継続するという人口の分散傾向とが併存している状況にある。

人口変化の空間パターン

次いで、市区町村別の人口増加率を地図化したものを検討する（図2-4）。

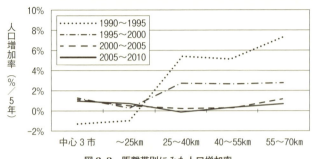

図 2-3　距離帯別にみた人口増加率

注：距離帯は図 2-1 に示した加重平均距離による。
出所：『国勢調査報告』各年版より作成。

まず1990～95年では、中心3市のほとんどの区で人口が減少したのに対し、中心3市から離れたところで人口増加の大きい市町村が存在しており、人口の郊外分散の様子を確認できる。なお、神戸市とその周辺で人口減少が大きいのは、阪神淡路大震災の影響である。

しかし、1990年代後半以降になると様相が一変する。まず、中心3市のなかで、人口増加に転じた区と人口減少が継続する区の差が生じ、両者の差が次第に拡大した。次に、中心3市近くの市町村では人口変化が比較的小さく、増加に転じたものと減少が継続するものが併存する。そして、中心3市から離れた市町村では、一部の市町村で増加が継続するものの人口減少に転じた市町村が多く、それらは相互に入り混じるモザイク状の分布を示す。つまり、中心3市内でも郊外でも地区選択的に人口成長がみられ、人口変化の面でモザイク化が進展したのである。こうしたなかで大きな人口増加を示す地域として、琵琶湖南岸や京都府南部、兵庫県三田市周辺、奈良県香芝市周辺などが挙げられる一方、外縁部での人口減少が目立つようになった。

人口からみる空間構造の変化とその要因

京阪神大都市圏では、都心から離れるにつれて次第に人口が少なくなるという人口分布パターンがみられ、人口の郊外分散が進展したあとでもこのパターンは維持されていた。しかし、人口変化という点でみると地区間の差が

第 2 章　人口と通勤からみる京阪神大都市圏の空間構造の変化

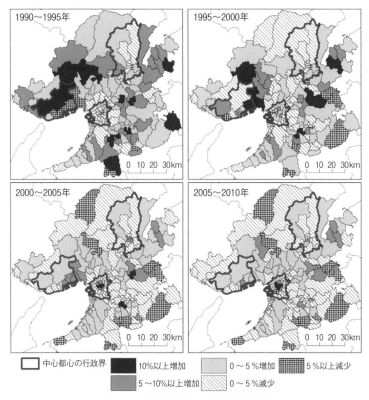

図 2-4　市区町村別の人口増加率の推移
出所:『国勢調査報告』各年版より作成。

大きかった。1990 年代前半までは中心 3 市とその近隣市町村で人口が減少するのに対して都心から離れた地域で人口増加が大きい状況がみられ、人口の郊外分散が進展していた。しかし、1990 年代後半になると中心 3 市とその近隣市町村は人口増加に転じ、2000 年代に入ると中心 3 市から離れた地域での人口増加を上回るようになった。2000 年前後を境として、人口分布の変動パターンが郊外への分散傾向から中心 3 市への集中傾向へと転換したのである。ただし、1995 年以降では、中心 3 市内でも郊外でも地区選択的に人口成長がみられ、人口変化の面でモザイク化が進展していた。

　こうした変化が生じた要因を簡単に整理しておこう。まず、中心 3 市では、

人口回復が進む区がある一方で人口減少が継続する区も多い。中心3市の一部では各種の住宅が大量に供給され、30歳代の子育て層や単身者などが増加したと予想される。一方、再開発が進まず人口の高齢化や住宅の老朽化が進展した区では、人口の流出や死亡者数の増加による人口減少がみられる。中心都市に隣接する郊外の一部でも人口が減少しており、これらの地域はインナーシティとしての性格を有するものといえよう。
　次に、中心3市に比較的近い郊外市町村では、人口は微増傾向にあるものが多い。人口の郊外分散が進展していた時期に住宅を取得した層が多いことから高齢人口比率が低いことや、利便性が高いことから人口流出が比較的小さいことなどが要因として考えられる。
　一方、中心3市から離れた郊外市町村では人口減少に転じた市町村が多く、とりわけ都市圏外縁部では減少幅の大きいものが目立ってきた。こうした市町村の多くは中心3市への近接性が悪いことなどが要因となって、人口流出や高齢化にともなう死亡者数の増加による人口減少が目立つようになったのである。ただし、中心3市から離れた地域でも人口増加の大きい地域が点在している。そうした地域では住宅が大量に供給されて人口増加に結びついた。このうち、琵琶湖南岸や京都府南部、兵庫県三田市周辺では、企業の研究機関や大学などが進出して就業の場としての都市開発も進展したのに対し、香芝市は住宅地としての機能が強いという差がある。
　このように、都市圏内でより遠方を目指した人口の郊外分散から中心3市への人口集中へと人口分布の変動過程が転換した。ただし、人口の集中傾向への転換後の状況は、都心からの距離に応じた規則的なものではなく、各市町村の有する条件に応じて人口変化の動向が大きく変わるという地区選択的なモザイク状の分布を示すようになってきたのである（藤井ほか 2012）。

3　通勤パターンからみる空間構造とその変化

中心3市への通勤率
　本節では、通勤流動をもとに京阪神大都市圏の空間構造とその変化を検討

第 2 章　人口と通勤からみる京阪神大都市圏の空間構造の変化

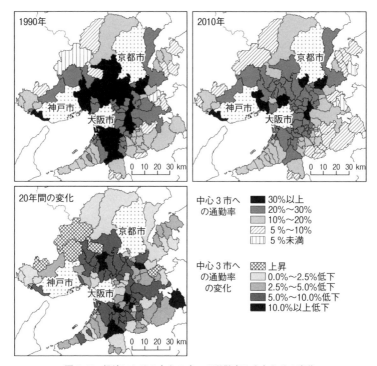

図 2-5　郊外における中心 3 市への通勤率の分布とその変化
出所：『国勢調査報告』各年版より作成。

する。まず、1990 年での中心 3 市への通勤率をみると（図 2-5）、中心 3 市に近いほど通勤率が高くなる傾向がある。一方、2010 年では、通勤率が全体的に低下し、とくに 30% 以上の通勤率を示す地域（30% 通勤圏）の縮小が大きいものの、5% 通勤圏の変化は小さい。また、20 年間での変化をみると、通勤率が上昇した市町村は少なく、1990 年に高い通勤率を示した市町村での低下が大きい。このように、従業地という面で、郊外市町村の中心 3 市への依存度が低下しており、それは郊外自立化の進展を示すものといえる。

また、大都市圏の設定基準としての通勤率を考えると、5% 通勤圏に比べて 10% 通勤圏の縮小が大きい。通勤率の基準の差にもとづく大都市圏の範域の差は、大都市圏の諸現象の分析結果に大きな差をもたらす危険性がある。

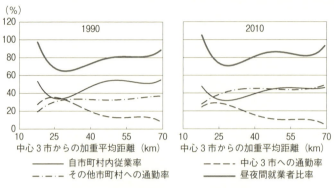

図 2-6 加重平均距離と従業地の構成の関係

注：加重平均距離については図 2-1 を参照のこと。
出所：『国勢調査報告』各年版より作成。

中心都市への通勤率の低下は他の大都市圏でも確認されており（谷 2010）、大都市圏を設定するときには、中心都市への通勤率の基準を低くするか、郊外間通勤を基準に加えることが必要になるであろう。

郊外に居住する就業者の従業地

次に、郊外に居住する就業者について、従業地の構成の変化を検討する。具体的には、常住就業者に対する、自市町村内従業者、中心 3 市での従業者（中心 3 市への通勤）、自市町村・中心 3 市以外の市町村での従業者（その他市町村への通勤）の比率を市町村別に求めた。また、常住就業者数に対する従業地による就業者数の比（昼夜間就業者比率）を求めた。このうち、その他市町村への通勤は、郊外市町村間の通勤が多数を占めると考えられる。

以上の数値について、都心からの距離に応じた散布図について 4 次関数で近似曲線を描いた図 2-6 をみると、都心からの距離に応じた従業地の構成の差を確認できる。1990 年の概要を整理すると、まず、都心から離れるにつれて中心 3 市への通勤率が低下していく。しかし、他の数値では、そのような関係はみられない。具体的には、25km 圏では自市町村内従業率が 40% 以上、昼夜間就業者比率が 70% 以上の範囲が広いものの、25〜40km 帯では自市町村内従業率が 40% 未満、昼夜間就業者比率が 70% 未満の範囲が広

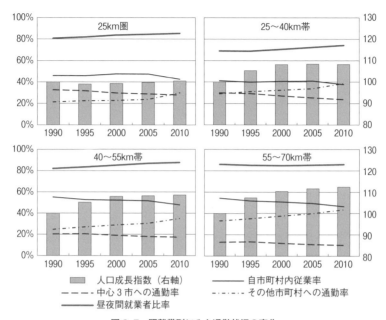

図 2-7　距離帯別にみた通勤状況の変化

注：距離帯は図2-1に示した加重平均距離による。
出所：『国勢調査報告』各年版より作成。

い。また、40km 以遠になると、中心3市への通勤率が外縁部に向け低下していくのに対応して、自市町村内従業率や昼夜間就業者比率が上昇していく。

以上の点から、郊外市町村の通勤パターンは以下のように整理できる。まず25km圏は中心3市に近接しているにもかかわらず昼夜間就業者比率が高く、他地域からの通勤流入がみられる。次に、25～40km帯は昼夜間就業者比率が低く、住宅地としての性格が強い。そして40km以遠の範囲は中心3市への通勤率が低く、自市町村内従業率が高い。

以上の知見にもとづき、人口と従業地の構成を距離帯別に集計した図2-7をみると、各指標の高低では距離帯ごとに差があるものの、それらの変化の傾向は共通する部分が多い。まず、人口が増加傾向にあるのに対し、中心3市への通勤率や自市町村従業率は低下傾向にある。一方、その他市町村への通勤率は上昇傾向にあり、55km以遠を除けば昼夜間就業者比率も上昇傾向

にある。このような変化は図2-6の2010年の近似曲線にも現れている。

　以上のことから以下の点を指摘できる。まず、人口変化と通勤パターンの変化について、中心都市で従業しながら住宅を求めて郊外に転居する世帯が多かった時期、郊外市町村での人口と中心都市への通勤者数は同じようなペースで増加していた（藤井 2006）。しかし、本章で対象とした1990年以降では、どの距離帯においてもそのような関係は認められない。また、郊外において自市町村従業率は低下してきたにもかかわらず、昼夜間就業者比率は上昇してきた。つまり、中心都市への通勤率の低下により現れる郊外の自立化傾向は、郊外市町村間の通勤が増大したことでもたらされたのである。

明瞭な郊外核は出現したのか？

　次いで、郊外で周辺地域から就業者を集める就業上の核が形成されているのか否かを検討したい。図2-8をみると、2010年に昼夜間就業者比率の高い市町村が中心3市に隣接して存在するが、その多くは従業地による就業者数を減少させた。一方、昼夜間就業者比率が高くかつ従業地による就業者数が増加した地域として、琵琶湖南岸の草津市周辺、京都府南部の学研都市周辺、関西国際空港周辺が挙げられる。このうち、前2者は従業地による就業者数の増加が継続したのに対し、関西国際空港周辺では1990年代後半以降に従業地による就業者数が減少した。また、昼夜間就業者比率は低いものの従業地による就業者数の伸びが大きい地域として、兵庫県三田市周辺と奈良県南西部が挙げられる。前者は常住就業者の増加が非常に大きいために昼夜間就業者比率が低く抑えられたものである。一方、奈良県南西部は住宅地としての性格が強く昼夜間就業者比率が非常に低い。

　このように郊外核が形成されつつあるものの、それらの昼夜間就業者比率が1.0を大きく超えることはなく、郊外核としての中心性は低い。つまり、京阪神大都市圏の郊外は、中心性の高い郊外核が複数形成される集中的多核化ではなく、郊外市町村間で相互に錯綜した通勤流動がみられる分散的多核化（藤井 1990；石川 2008）の進展という性格が強いといえよう。

第 2 章　人口と通勤からみる京阪神大都市圏の空間構造の変化

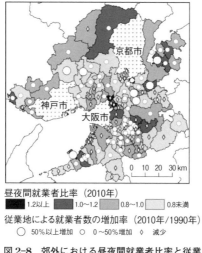

図 2-8　郊外における昼夜間就業者比率と従業
　　　　地による就業者数の変化
出所：『国勢調査報告』各年版より作成。

通勤からみる空間構造の変化とその要因

　京阪神大都市圏は三極構造を有するという点で多核的であり、それぞれ就業上の核として中心性が高い。しかし、郊外市町村の中心3市への通勤率は低下しており、従業の面で郊外自立化が進展するとともに郊外市町村間での通勤流動が増加していた。つまり、郊外の各市町村が単独でというのではなく、郊外が全体として従業地としての自立性を高めたのである。また、郊外において中心性の高い郊外核の形成は確認できないことから、郊外市町村間で相互に錯綜した通勤流動がみられる分散的多核化の性格が強いことを指摘した。さらに、郊外は全体として人口が増加してきたにもかかわらず、中心都市への通勤者数は減少していた。中心都市で従業しながら住宅を求めて郊外に転居するというパターンは大幅に縮小したのである。

　以上のような変化の要因について、谷謙二の研究を援用して以下のように整理できる（谷 2007）。まず、人口規模の大きい団塊の世代とその前後の世代が定年退職期を迎えた点が挙げられる。この世代の多くは地方部から大都市圏に転入し、中心都市で従業しながらライフコースに沿って郊外に住居を

37

移したが、退職により通勤することがなくなったのである。また、この世代の子供にあたる郊外第二世代は出生時から郊外に居住し、郊外を出発点として雇用や転居先を探すことから、郊外内部で従業する率が高い（稲垣 2011）。そして、いわゆる人口の都心回帰の影響がある。以前であればライフコースに沿って郊外に転居した世帯が中心都市内にとどまるため、郊外において人口流入にともなう中心都市への通勤者の増加が少なくなったのである。ただし、本章では郊外市町村間の通勤が増大した要因について踏み込んだ議論は展開できない。郊外市町村間の通勤で具体的にどの市町村に通勤したのかという点を分析していないからであり、今後の研究課題である。

4　今後の研究に向けて

　本章での知見をもとに今後の研究課題を整理してむすびとしたい。まず、京阪神大都市圏では、人口変化のモザイク化が進展していた。つまり、大都市圏内で人口変化の地域差が顕著になりつつある。これは人口総数だけの問題か、居住者の社会属性とかかわる問題かが研究の焦点になろう。格差社会の到来が居住分化の進展を導くのか否かを検証する必要がある。

　また、通勤の面では分散的多核化の進展を指摘したが、その要因は不明である。郊外自立化や都市圏多核化を深く理解するためには、従業の面で郊外が中心3市とどのように機能分担しているのかを検証する必要がある。加えて、郊外市町村間の通勤の増大が通勤距離の短縮を導くとは限らない。郊外に住宅を所有する就業者であれば、中心都市を経由した他の郊外市町村への通勤を余儀なくされるような職場の移転もありうる。郊外自立化や都市圏多核化が職住近接を導くのかどうか、ワークライフバランスの問題とも関係する重要な研究課題であろう。

付記
　本研究には、本書の大半の論考に共通する科学研究費補助金（基盤研究（A））のほかに、平成26〜28年度科学研究費基金（若手研究（B））「平成の大合併前後での都市圏設定の差異及び都市圏の構造変容に関する地理学研究」（課題番号：26770284、研究代表者：山

第2章 人口と通勤からみる京阪神大都市圏の空間構造の変化

神達也)を一部で使用した。

文献
石川雄一(2008)『郊外からみた都市圏空間——郊外化・多核化のゆくえ』海青社.
稲垣稜(2011)『郊外世代と大都市圏』ナカニシヤ出版.
江崎雄治(2006)『首都圏人口の将来像——都心と郊外の人口地理学』専修大学出版局.
谷謙二(2007)「人口移動と通勤流動から見た三大都市圏の変化——大正期から現在まで」『日本都市社会学会年報』第25号、23-36頁.
―――(2010)「三大都市圏における通勤行動とその変化」富田和暁・藤井正編『新版 図説大都市圏』古今書院、12-15頁.
富田和暁(1995)『大都市圏の構造的変容』古今書院.
成田孝三(1995)『転換期の都市と都市圏』地人書房.
広原盛明・高田光雄・角野幸博・成田孝三編(2010)『都心・まちなか・郊外の共生——京阪神大都市圏の将来』晃洋書房.
藤井正(1990)「大都市圏における地域構造研究の展望」『人文地理』第42巻6号、522-544頁.
―――(2006)「京阪神大都市圏」金田章裕・石川義孝編『日本の地誌8 近畿圏』朝倉書店、94-99頁.
―――(2007)「大都市圏における構造変化研究の動向と課題—地理学における多核化・郊外の自立化の議論を中心に」『日本都市社会学会年報』第25号、37-50頁.
―――ほか(2012)「大都市圏の社会・空間構造の変化と社会学・地理学からの検討」人文地理学会都市圏研究部会第43回研究会 http://metropolitan.blog68.fc2.com/blog-entry-69.html(2014年10月26日閲覧)
山神達也(2013)「京阪神大都市圏の空間的縮小に関する一試論——通勤流動と人口密度分布の分析をもとに」『都市地理学』第8号、40-51頁.
―――(2014)「都市化と都市圏形成」藤井正・神谷浩夫編『よくわかる都市地理学』ミネルヴァ書房、102-104頁.

(山神達也・藤井　正)

第3章
名古屋大都市圏における空間変容と特質

1 名古屋市と名古屋大都市圏

名古屋市の発展

　名古屋大都市圏の中心都市である名古屋市は、2014年現在人口227万人の都市である（図3-1）。江戸時代はじめに濃尾平野の台地上に建設された尾張徳川家の城下町が起源であり、当時の人口は約10万人であった。明治以降の近代化のなかで、港湾整備や郊外私鉄の敷設が進められていき（林 2000）、市域も拡張されて1930年代には人口が100万人を超えて六大都市の一角を占めた。戦前の名古屋市で特筆される点として、耕地整理および土地区画整理事業による計画的な市街地開発が挙げられる。東京や大阪に比べて人口増加のペースが遅かったこともあるが、スプロールなしで市街地開発を進めることができた。戦時期には航空機産業を中心とした軍需産業が拡大し、それまでの繊維産業を中心とした軽工業から重工業へと産業構成が変化したが、空襲により市街地は焦土と化した。戦災復興土地区画整理事業に際しては、東西と南北の各1本の100m道路をはじめとして広幅員の道路が整備され、その後の中心市街地の基盤となった。
　1930年代から、六大都市のなかでも横浜、神戸に比べて本社・支店オフィスの立地の伸びが大きくなり、高度経済成長期には東京、大阪に次ぐ三大都

図 3-1　名古屋大都市圏
注：網かけは 2010 年の DID。
出所：国土数値情報、数値地図 250m メッシュより筆者作成。

市の一つに位置づけられるようになった（阿部 1991）。1960 年代には地方圏から多数の人口が流入し、その後、名古屋市北東および東側の丘陵地に、春日井市の高蔵寺ニュータウンをはじめ大規模な住宅地が建設され、結婚後に広い居住スペースを求める名古屋市からの転出者の受け皿となり、名古屋市の通勤圏は拡大した（谷 1997）。名古屋市の周辺では、戦前から瀬戸の窯業や一宮の繊維産業など地場産業が成長していたが、高度成長期以降には名古屋市からの製造業の郊外移転も活発化した（林 2006）。

　2005 年には伊勢湾に海上空港として中部国際空港が開港し、万国博覧会（愛・地球博）が開催された。また同時期に従来からの高速道路網に加え、東海環状自動車道、伊勢湾岸自動車道、新名神高速道路なども開通し、交通インフラの整備が進んだ。さらに現在は JR 東海によるリニア中央新幹線の計画が 2027 年の開業を目指して進められている。

都心部の変貌

　名古屋市の都心は、栄地区と名駅地区に分かれており（図 3-2）、事業所従

第3章　名古屋大都市圏における空間変容と特質

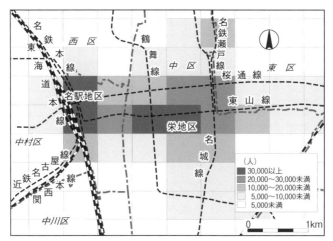

図3-2　名古屋市都心部における事業所従業者数
出所：2009年経済センサス500mメッシュデータより筆者作成。

業者数の分布や、地価の分布にも明瞭に現れている。栄地区は近世以来の城下町プランを引き継いだ都心であり、現在でも地下鉄網は栄地区に集まり、市内でのアクセスに優れる。一方、名駅地区は明治期に旧市街の外れに名古屋駅が建設されたことを契機に発展したもので、名古屋大都市圏内および大都市圏外とのアクセスに優れる。

　このうち近年は名駅地区の変化が顕著である。1990年代まで、名古屋市には目立った超高層ビルは存在しなかった。しかし、1999年のJR名古屋駅の駅ビルJRセントラルタワーズの建設を契機に名駅地区の再開発が進行し、超高層ビルが続々とオープンして（写真3-1）2014年現在も3棟の超高層ビルが建設中である。このように名駅地区は景観的にも大きく変化し、都心の重心は名古屋駅側に移動しつつある。このような名古屋駅周辺の再開発には、旧来のビルの老朽化といった理由だけでなく、中部国際空港へのアクセスやリニア中央新幹線への期待といった大都市圏外との結びつきの強化が背景として考えられるだろう。

写真 3-1　高層化の進む名古屋駅周辺
注：左（南）から、スパイラルタワー（2008年）、ミッドランドスクエア（2006年）、JRセントラルタワーズ・ホテルタワー、オフィスタワー（1999年）。さらに右側にはルーセントタワー（2007年）がある。2014年現在、新たに3棟の超高層ビルが建設中である。
出所：筆者撮影。

2　名古屋市の通勤圏と人口

通勤圏の広がり

　名古屋市の変化を概観したところで、大都市圏の変化について検討する。そのためまず名古屋市への通勤率をもとに、大都市圏の範囲を設定したい。図3-3は1990年と2010年の名古屋市への通勤率（常住就業者に占める名古屋市通勤者の比率）を示したものである。2010年の5％通勤圏は名古屋市から50km付近まで伸びている。ただし、岐阜県・三重県の市町村からの通勤者比率は愛知県に比べて低い。愛知県内でも、トヨタ自動車などの工場が多数立地する豊田市は、名古屋市から比較的近く、直通の鉄道が通っているにもかかわらず、5％通勤圏に含まれない。

　2010年と1990年と比較すると、5％通勤圏の範囲はあまり変化していない。しかし20％以上の通勤圏は縮小傾向を示し、30％以上の通勤圏は12市町から8市町へと減少した。高蔵寺ニュータウンの位置する春日井市も、31％から26％に通勤率を低下させている。

第3章　名古屋大都市圏における空間変容と特質

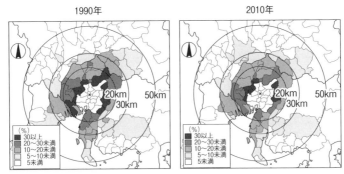

図 3-3　1990 年と 2010 年の名古屋市への通勤率

注：行政区域は 2010 年にあわせている。
出所：国勢調査より筆者作成。

表 3-1　名古屋市大都市圏の距離帯別人口の推移

	1990 年	1995 年	2000 年	2005 年	2010 年
名古屋市	2,155	2,152	2,172	2,215	2,264
20km 圏	1,954	2,048	2,127	2,196	2,252
20〜30km 圏	1,118	1,161	1,202	1,243	1,268
30〜50km 圏	1,509	1,555	1,582	1,612	1,629
計	6,736	6,916	7,082	7,267	7,413

注：1990 年以降名古屋市の 5% 通勤圏に含まれたことのある市町村について集計している。
出所：国勢調査より筆者作成。

人口の変化

　1990 年以降一度でも名古屋市への通勤率が 5% を上回ったことのある市区町村を名古屋大都市圏の範囲とし、人口の変化を距離帯ごとに示したものが表 3-1 である。距離帯は、名古屋大都市圏内を名古屋市中区からの直線距離にもとづき四つの距離帯に区切ってデータを集計したもので、20km 圏は 26 市町村、20〜30km 圏は 17 市町村、30〜50km 圏は 13 市町村から構成されている。

　もともと名古屋市の人口は、人口流出の激しかった大阪市や東京都特別区部とは異なり、戦後継続して増加していたが、1990〜95 年にかけては若干減少した。しかし 95 年以降はふたたび増加を示し、2010 年には 226 万人と

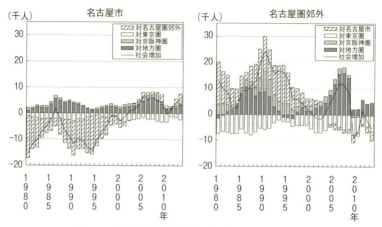

図3-4 名古屋市と名古屋圏郊外の転入超過数の推移

注：ここでの「名古屋圏」は、愛知県、岐阜県、三重県の3県を指し、名古屋圏郊外とは、この3県から名古屋市を除いた範囲である。「東京圏」は、東京都、埼玉県、千葉県、神奈川県、「京阪神圏」は大阪府、京都府、兵庫県、奈良県、滋賀県であり、「地方圏」は全国から東京圏、京阪神圏、名古屋圏を除いた範囲である。
出所：住民基本台帳人口移動報告年報より筆者作成。

なっている。名古屋市内を詳しくみれば、1990年代以前から都心と都心周辺部では人口減少が続いていたが、95年以降増加に転じており、いわゆる人口の都心回帰がみられる。20km圏の人口は順調に増加しており、2010年には225万人と名古屋市の人口に近づいている。20～30km圏、30～50km圏でも増加が続いている。このように名古屋大都市圏では全体で人口が増加し、2010年には741万人となった。

転入超過数の推移

人口増加に関して人口移動の側面から検討する。図3-4は名古屋市と名古屋圏郊外それぞれについて、1980年以降の転入超過数とその内訳の変化を示したものである。なお、ここでの「名古屋圏郊外」は先ほどの通勤圏による範囲設定と異なり、より広い範囲を含んでいる。1980年代から90年代にかけての名古屋市では、おおむね郊外へ転出超過が続いていた。しかし1995年頃から郊外への転出超過は縮小し、2005年以降は郊外に対して転入超過

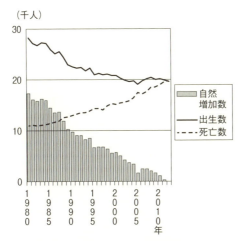

図3-5　名古屋市における自然増加数の推移
出所：名古屋市統計年鑑より筆者作成。

となって、人口の都心回帰を示している。これは転入者が増加したわけではなく、名古屋市から郊外への転出者が減少したことによる。逆に郊外では、90年代までの名古屋市からの転入超過は2000年以降なくなってしまったが、そのかわり地方圏からの転入超過が急激に拡大し、社会増加を支えた。この時期は景気の回復期にあたり、とくに東海地方の製造業は活況を呈して名古屋圏郊外は地方圏から労働力を吸引した。

ところが2008年に起こったリーマンショックは、名古屋圏郊外の製造業を直撃し、2009年には転入者が激減して転出超過となった。このように2000年代の名古屋圏郊外では製造業の動向が社会増減に大きく影響している。

自然増加と出生率

社会増減は変動が大きいが、名古屋市で人口の増加が続いたのは自然増加が比較的大きかったためである。図3-5の名古屋市における自然増加数の推移をみると、1980年代から90年代にかけては社会減少を相殺するだけの自然増加があった。合計特殊出生率の分布をみると（図3-6）、東京圏や京阪神圏では1.4を下回る市区町村が多いのに対し、名古屋大都市圏では1.5を上

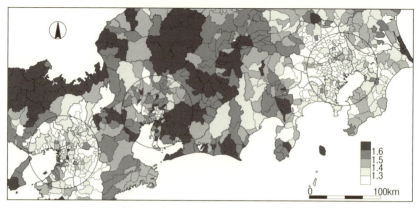

図 3-6　市区町村別にみた合計特殊出生率

注：円は名古屋市中区、東京都千代田区、大阪市中央区から半径 50km を示す。
出所：平成 20〜24 年人口動態保健所・市区町村別統計より筆者作成。

表 3-2　名古屋市大都市圏の距離帯別 65 歳以上人口比率

	1990 年	1995 年	2000 年	2005 年	2010 年
名古屋市	10.3	12.7	15.6	18.4	20.8
20km 圏	8.8	10.7	13.3	16.5	20.2
20〜30km 圏	9.5	11.6	14.0	16.8	20.0
30〜50km 圏	10.8	13.0	15.7	18.3	21.2
計	9.9	12.0	14.7	17.6	20.6

注：1990 年以降名古屋市の 5％ 通勤圏に含まれたことのある市町村について集計している。
出所：国勢調査より筆者作成。

回る市区町村が多く、三大都市圏のなかでは例外的に少子化の進行が緩やかである。また、全国的に高齢者の増加と出生数の減少により自然減少を示すなかで、愛知県は現在も自然増加であり、都道府県別にみると 2009 年から 12 年にかけては全国一の自然増加数を示している（2012 年では＋6559 人）。

しかし名古屋市では、死亡数が増加したことにより 2012 年には自然減となった（図3-5）。さらに距離帯別の 65 歳以上人口比率の推移を示した表 3-2 からは、高齢化の進行が顕著であることが読み取れる。1970 年代から 80 年代にかけては、高度成長期に名古屋市に流入した人々が郊外に移動し、また第二次ベビーブームもあって、郊外の 65 歳以上人口比率は名古屋市より

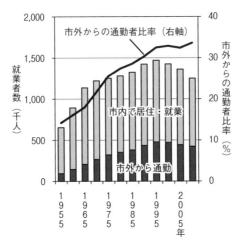

図 3-7　名古屋市における従業者の居住地構成
出所：国勢調査より筆者作成。

も低く、1990 年でも 20km 圏は名古屋市よりも 1.5 ポイントほど低い。しかし、そうした郊外に移動した世代の加齢の進行は、郊外の急速な高齢化を引き起こしており、2010 年では名古屋市と 20km 圏の差は 0.6 ポイントと縮まっている。今後、現在 40 歳台の郊外生まれの第二次ベビーブーム世代が加齢することで、大都市圏全体で高齢者が急増すると予想される。

3　名古屋市通勤者と年齢構成

名古屋市への通勤者数の変化と交通手段

　図 3-3 では、1990 年に比べて 2010 年の名古屋市の 20% 通勤圏が縮小していると指摘した。そこで、名古屋市への通勤者の構成の変化を検討する。図 3-7 は、名古屋市で従業している者の居住地構成の変化を示している。1950 年代から 60 年代の高度成長期には、名古屋市内での従業者が急激に増加し、その後は緩やかではあるが 95 年にかけて増加を続けた。名古屋市外からの通勤者は、1955 年時点では 9 万人（14.2%）にすぎなかったが、その後継続して増加し、95 年には 48 万人となって、その比率は 32.5% まで上昇した。

しかし95年以降は名古屋市での従業者数自体が減少傾向にあり、市外からの通勤者の比率も停滞している。

　名古屋市への通勤に関して特徴的な点として、自家用車の利用が多いことが挙げられる。2010年国勢調査の通勤・通学時の利用交通手段に関する集計によると、名古屋市外から名古屋市への通勤・通学者のうち66.2%は鉄道を利用しているが、自家用車を利用している者も36.5%に上る（複数回答）。これを東京都区部の場合と比較すると、都区部への通勤・通学者のうち鉄道利用者は92.6%ときわめて高く、自家用車利用者は7.2%にすぎない。幼児を抱える共働き世帯では、子供の保育施設への送迎が必要となる。そうした場合、鉄道通勤よりも自動車通勤のほうがより柔軟な対応が可能であり（岡本1995）、鉄道だけでなく自動車を使った通勤も可能な名古屋大都市圏は、共働きに適した環境といえる。また、自動車通勤が可能な背景として、東京大都市圏や京阪神大都市圏よりも都市圏人口が少なく、土地に余裕があり自家用車保有率が高いといった点のほかに、冒頭で述べたように計画的に市街地の開発がなされ、道路が整備されている点も大きい。

名古屋市通勤者の男女別年齢構成の変化

　名古屋市内での従業者数、および名古屋市への通勤者数は近年減少傾向にあるが、その性別・年齢別構成の変化を検討する。図3-8は名古屋市内従業者に関して、居住地・男女別に年次ごとの年齢階級別従業者数を示したものである。年次ごとの年齢階級別就業者数を読み取る以外にも、グラフを斜めに読むことで、出生コーホート（同時期に生まれた人口集団）ごとに就業者数の年次変化を読み取ることができる。図で濃く示したコーホートは1945〜50年コーホート（第一次ベビーブーム世代に相当）および1970〜75年コーホート（第二次ベビーブーム世代に相当）を示しており、どちらも大都市圏での人口集積が著しく、世代的にはおおむね親子の関係に相当する。

　まず名古屋市内居住者についてみると、男女とも1990年代までは二つのコーホートのピークが存在した。しかし、男性は2005年以降1945〜50年コーホートが定年退職年齢にさしかかり、同コーホートは大きく減少し、その減

第3章 名古屋大都市圏における空間変容と特質

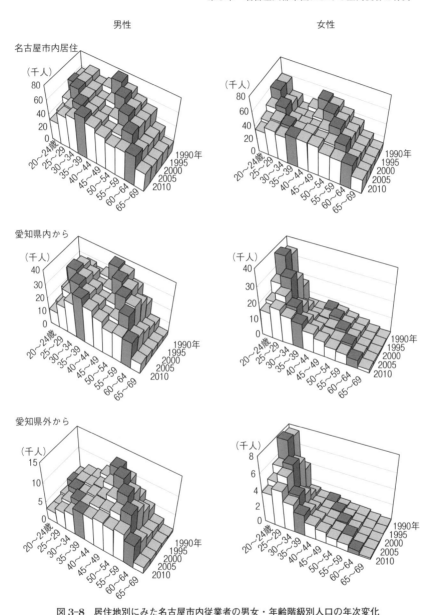

図3-8 居住地別にみた名古屋市内従業者の男女・年齢階級別人口の年次変化
注：濃い部分は1945～50年コーホートおよび1970～75年コーホートを示す。
出所：国勢調査より筆者作成。

少を補うだけの新規就業者がなく、就業者数全体が減少している。一方、女性に関しては、2000年代になると1945〜50年コーホートに加え、1970〜75年コーホートも減少している。日本の女性のあいだでは、就職後に結婚・出産を契機としていったん退職し、子供が成長してから就業を再開するライフコースをたどる者が多いことから、M字型の年齢別就業率を示すことが知られている。2000年代には、1970〜75年コーホートがM字の底にあたるため、ピークの緩やかな形状となった。こうして、名古屋市内に居住する市内就業者は男女とも減少し、年齢構成も大きく変化した。

　次に愛知県内から名古屋市に通勤する就業者について検討すると、男性については名古屋市内常住者と類似した形状を示す。一方、女性についてはどの時期にも20歳代の女性が多い。結婚前のM字の前半のピークでは、親と同居して郊外から名古屋市に通勤することができ、さらに名古屋市では正規雇用の比率が高く、新規学卒者の就業地として魅力的である。しかし、結婚して子供もいる後半のピークでは、育児との兼ね合いから通勤時間が短く、勤務時間もフレキシブルなパートとして郊外の自宅周辺で就業する女性が多い（谷 1998）。しかも、郊外の女性の職場には、正規雇用は少なくパート等の非正規雇用が多い。そのため、30歳代から50歳代にかけての名古屋市通勤者は少ない。このように、大都市圏の労働市場にはジェンダー関係が組み込まれている。

　こうした傾向のなかでも、2000年代には30歳代の女性通勤者が増加しているが、これは1970〜75年コーホートの人口規模が大きいことと、30歳代の未婚率が上昇したためと考えられる。1975年コーホート以降は、郊外での人口規模が縮小したうえに、あとでも述べるように郊外内部で就業する比率も上昇したため、20歳代の女性通勤者は減少している。

　最後に、愛知県外から名古屋市への通勤者を検討する。女性については、愛知県内からの通勤者と同じ形状を示す。男性については、1945〜50年コーホートが定年までピークを保つ一方、愛知県内からの通勤者のケースと異なり、1970〜75年コーホートの名古屋市通勤者が少ない。これには、マイホームを求めて県外まで移動した親世代は定年まで名古屋市の職場に通勤したが、

子世代は遠距離通勤を嫌い、名古屋市に転居したということがまず考えられる。あるいは、子世代では郊外での職場が増加し、郊外内部で就業する者が増加したとも考えられる。この点について次に検討する。

4 郊外の通勤流動と製造業

岐阜県可児市居住者の通勤先

　先に名古屋市側から通勤流動の変化をみたが、次に郊外側から検討したい。前節において、愛知県外から名古屋市に通勤する若年男性が減少していることがわかったので、ここでは岐阜県可児市について取り上げる。岐阜県可児市は2014年現在人口約10万人の都市で、名鉄線によって名古屋市と結ばれている。1970年代から丘陵地で宅地開発が進められて急激にベッドタウン化が進行し、1990年には名古屋市通勤率が14.0%（2005年に合併した兼山町を含む）まで上昇した。しかしその後は低下し、2010年には8.4%となっている。

　図3-9は可児市常住男性就業者の年齢階級別従業地を示している。ここで「県外」通勤者は男性全体で8500人であり、大部分は愛知県である。そのなかでは犬山市、小牧市、春日井市などの尾張北東部への通勤者が多く、名古屋市への通勤者は2900人である。年齢階級別の従業地構成では、50～60歳代前半の、1970～80年代に可児市に転入した世代で県外通勤者が多い。一方、20～30歳代では市内あるいは岐阜県内で働いている者が多い。図3-8では愛知県外から名古屋市に通勤する若年男性人口が減少していたが、これは若年男性人口の転出による減少ではなく、郊外内部で働く者が増加したためである。

名古屋大都市圏郊外の職業構成と製造業

　次に、可児市の男性就業者に関し、市内・県内・県外それぞれの従業地ごとに職業構成（大分類）をみると、いずれの場合も「生産工程従事者」比率が最も高く、それぞれ33.3%、31.4%、25.2%を占めている。可児市では、

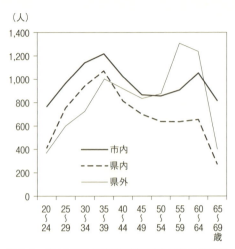

図3-9　2010年の岐阜県可児市常住男性の年齢階級別従業地

出所：国勢調査より筆者作成。

1970～90年代にかけて可児工業団地が造成された。隣接する美濃加茂市や多治見市、さらに愛知県犬山市や小牧市にも工場が多数立地しており（稲垣2001）、そうした工場に通勤している者が多いことがわかる。図3-10は従業地ベースで男性就業者に占める生産工程従事者の比率を示しており、名古屋大都市圏は東京圏や京阪神圏に比べて高い値を示す。たしかに、名古屋大都市圏郊外でも90年代以降は雇用の成長にサービス職の果たす役割が大きくなってきたが（稲垣2011）、とくに男性の雇用においては製造業が重要であることに変わりない。

　東京大都市圏や京阪神大都市圏では、郊外において小売業やサービス業従事者の比率が高いが、これらの業種は製造業と比べ非正規雇用の比率が高い。男性労働力のあいだでも非正規雇用化が進むなかで、製造業の職場が豊富な名古屋大都市圏郊外の就業条件は、恵まれているといえる。また、そうした職種ではそれほど高い学歴は必要とされないので初婚年齢の上昇も抑えられ、正規雇用の比率も高いことから結婚もしやすい。図3-6のように名古屋大都市圏で合計特殊出生率が比較的高いのは、製造業を中心とした産業構成に由

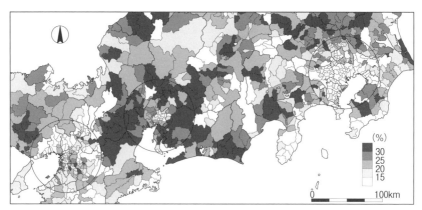

図3-10 従業地ベースで見た生産工程従事者比率（男性）
注：円は名古屋市中区、東京都千代田区、大阪市中央区から半径50kmを示す。
出所：2010年国勢調査より筆者作成。

来しているとも考えられよう。

業務トリップからみた大都市圏

　名古屋大都市圏の製造業には、トヨタ自動車を中心とした自動車産業が大きく影響しているが、豊田市は2節で設定した名古屋大都市圏の通勤圏には含まれていない。トヨタ自動車は豊田市に本社を置いているが、名古屋駅前にも写真3-1のミッドランドスクエアに名古屋オフィスを置いている。中心都市を核とした日常的な生活圏として定義される大都市圏であるが、経済的な結びつきはより外側にも広がっている。この点を確認するために、業務での市区町村間の移動を検討する。

　若干時期が古くなるが、図3-11は2001年に行われた第4回中京都市圏パーソントリップ調査から、平日の1日について業務目的による市区町村間のトリップ（地点間の移動）を示している。市区町村間の業務目的のトリップでは、約9割が自動車によるものなので、ここでは自動車によるトリップのみを示している。

　名古屋市全体へのトリップは広域に及んでおり、業務においても名古屋市がこの地域の中心であることに変わりはない。名古屋市内のトリップでは中

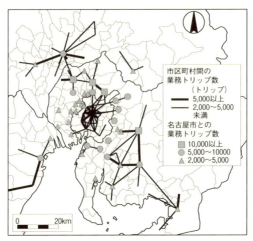

図 3-11　市区町村間および名古屋市との間の自動車利用
　　　　業務トリップ数
　　出所：国土数値情報 2001 年第 4 回中京都市圏パーソントリップ
　　　　調査より筆者作成。

区が中心的な位置を占めるが、名古屋市外とのトリップでは特定の区との結びつきは弱く分散的である。名古屋市外でのトリップをみると、岐阜市を中心とした求心的なネットワークがある一方で、豊田市を含む西三河地域では水平的なネットワークが形成されている。これは、トヨタ自動車を中心とした自動車組立工場、および関連企業の工場間の業務によるネットワークと考えられる。この地域では、トヨタ自動車をはじめ豊田自動織機、デンソー、アイシン精機といった主要な自動車関連企業が本社と工場を併設しており、このことも業務トリップを増加させている。また、名古屋市－豊田市間に関しては、通勤流動では移動量が少ないにもかかわらず、業務目的のトリップ数は 1 万を超え、つながりが強い点も注目される。

　名古屋大都市圏の場合は、名古屋市への通勤流動だけで空間構造をみると、郊外や外側の製造業雇用が果たしている役割を見落としてしまう。名古屋市の都心に集積する支店オフィスの増加は、その管轄範囲である東海・北陸地方の経済活力である製造業の発展と関係している（阿部 2005）。しかしなが

ら、2008年のリーマン・ショックによる輸出不振や2011年の東日本大震災にともなう部品供給の停止は、自動車産業に大きな影響を及ぼし、2000年代半ばから好景気が続いていたこの地域の産業に大きな打撃を与えた。

　こうした景気変動リスクを抱えながらも、名古屋大都市圏は正規雇用の比率や出生率で高い値を維持し、また鉄道だけでなく自動車による都心への通勤も可能など、生活環境に恵まれている。郊外から名古屋市への通勤者は減少し、20%通勤圏は縮小しているが、業務による大都市圏内の結びつきは通勤流動とは異なるパターンで存在している。今後も通勤圏は縮小するものの、企業活動は現状の活動範囲を維持するものと考えられる。

必要とされる高学歴ホワイトカラーの雇用機会

　製造業が強固な一方、図3-4からわかるように、名古屋圏では1980年代以降一貫して東京圏への転出超過が大きく、また近年は京阪神圏に対しても転出超過となっている。この理由として、愛知・岐阜・三重の3県に大学が少なく、大学進学希望者を地域内で収容できていない点が挙げられる。学校基本調査を用いて大学進学移動をみると、1970年代以来両大都市圏に対し毎年8000～1万人の転出超過が続いている。さらに人口移動全体で両大都市圏に対して転出超過となっているということは、大学が少ないだけでなく、高学歴者に対する雇用機会も不足していることを意味している。ものづくりにより成長し、地方圏から人口を吸引してきた名古屋大都市圏であるが、大学進学率が50%を超える現在、製造業の雇用だけでは東京圏、京阪神圏に高学歴層が流出するばかりである。今後は高学歴ホワイトカラー層を引きつけるような雇用の増加も必要といえる。

文献

阿部和俊（1991）『日本の都市体系研究』地人書房。
─────（2005）「名古屋は大阪を追い越すか？」『CREC』（中部開発センター）第150号、47-63頁。
稲垣稜（2001）「名古屋大都市圏外部郊外における通勤流動の変化──岐阜県御嵩町を事例に」『人文地理』第53巻1号、55-72頁。

―――（2011）『郊外世代と大都市圏』ナカニシヤ出版。
岡本耕平（1995）「大都市圏郊外住民の日常活動と都市のデイリー・リズム――埼玉県川越市および愛知県日進市の事例」『地理学評論』第 68A 巻 1 号、1-26 頁。
谷謙二（1997）「大都市圏郊外住民の居住経歴に関する分析――高蔵寺ニュータウン戸建住宅居住者の事例」『地理学評論』第 70A 巻 5 号、263-286 頁。
―――（1998）「コーホート規模と女性就業から見た日本の大都市圏における通勤流動の変化」『人文地理』第 50 巻 3 号、211-231 頁。
林上（2000）『近代都市の交通と地域発展』大明堂。
―――（2006）「名古屋大都市圏の「ものづくり」と都市産業構造」『都市計画』第 55 巻 4 号、7-10 頁。

（谷　謙二）

第4章
積雪寒冷都市・札幌における
人口の都心回帰

1 積雪寒冷地の大都市・札幌

札幌市で進む交通インフラ整備

　札幌市は日本海型気候に属し、冬季における積雪と寒冷が特徴である。気象庁の30年平年値（1981～2010年）をみると、1月の平均気温は－3.6℃、日最低気温は－7.0℃であり、年間の降雪日数は125.9日となっている（国立天文台編 2013）。

　この札幌市の市街地は、明治期になって開拓使が置かれてから、JR（旧国鉄）函館本線の南部に位置する豊平川扇状地で発達し、現在では北部の石狩低地帯や南東部の丘陵地帯にまで拡大している（図4-1）。当市は1972年に政令指定都市へと移行し、この頃から地下鉄の整備が急速に進められた。まず、1971年に南北線（真駒内駅～北24条駅）、1976年に東西線（琴似駅～白石駅）が開通し、その後、1978年に南北線（北24条駅～麻生駅）、1982年に東西線（白石駅～新さっぽろ駅）が延伸した。さらに、1988年には東豊線（栄町駅～豊水すすきの駅）が開通し、1994年に東豊線（豊水すすきの駅～福住駅）、1999年に東西線（琴似駅～宮の沢駅）が延伸したことにより、札幌市では積雪期でも市街地内部を高速で移動できるようになった。

　また、同時期に高速道路も整備され、1971年には小樽IC～札幌西IC、1979

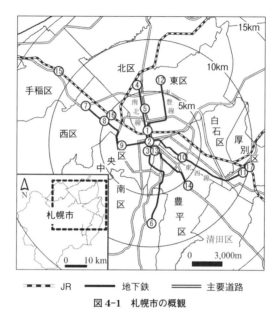

図 4-1 札幌市の概観

注：〔JR〕A：函館本線、B：札沼線。〔地下鉄〕C：南北線、D：東西線、E：東豊線。〔駅〕1：札幌、2：大通、3：すすきの、4：麻生、5：北24条、6：真駒内、7：宮の沢、8：琴似、9：円山公園、10：白石、11：新さっぽろ、12：栄町、13：　豊水すすきの、14：福住、15：手稲、16：琴似、17：新札幌。
図中の同心円は、2010年の最高地価点を中心としたものであり、以後の図でも同じ距離帯を示す。

年には北広島IC～札幌南IC、1985年には札幌南IC～岩見沢IC、1992年には札幌西IC～札幌ICが開通した。高速道路の整備により札幌市は近隣都市との結びつきが強化され、新千歳空港、小樽港、苫小牧港などへのアクセスが向上した。

人口の郊外化から都心回帰へ

　これら交通インフラの整備にともない、1980年代や1990年代前半の札幌市では、業務機能が都心部で集積を高めるとともに、住宅地が郊外で拡大した（橋本 2004；橋本 2008）。しかし、このような傾向がみられるのは1990年代前半までであり、多くの研究で、1990年代後半から異なる傾向がみられることが報告されている。たとえば、沼田尚也は札幌市内において1960～2005年の人口の分布変化を検討し、都心部の人口は1990年代半ばに減少

から増加に転じたことから、「人口の都心回帰」現象が生起したことを指摘している（沼田 2006）。また、橋本雄一と沼田尚也は、都心部における居住空間の増加に対応した、郊外から都心部への転居移動を明らかにしている（橋本・沼田 2007）。さらに、浅田孟と橋本雄一は、都心回帰が生起した要因として、都心部におけるマンションなど共同住宅の供給について分析し（浅田・橋本 2012）、香川貴志は都心部における分譲マンション居住者へのアンケート調査から転居理由を明らかにしている（香川 2007）。

　これらの人口や住宅の分布変化に関する研究のほかに、札幌市では積雪寒冷地における防災と関連した研究も行われており、都心部における人口増加が、冬季に避難場所の不足をもたらすことが明らかにされている（川村・相馬 2002；相馬・橋本 2005；橋本ほか 2010）。

　以上の研究は、1990 年代前半から 2000 年代前半までの分析が中心であるため、本章では 2000 年代後半のデータを加えて、札幌市における「人口の都心回帰」現象が、その後も継続しているのか検討する。さらに、この現象が積雪寒冷地の防災に与える影響についても考察する。

　なお、ここでは札幌市における地価公示の最高地点を中心として 5km 圏内を都心部、5～10km 圏内を周辺部、10km 圏以遠を郊外と呼ぶ。この最高地価点は札幌市中央区南 1 条西 4 丁目 1 番であり、本章で扱うデータの年次では、すべてこの地点の地価が最高値となっている。

2　都心部で増加する人口

人口密度の変化

　札幌市の人口は、高度経済成長期に農村や産炭地からの流入で急激に増加し、1970 年の国勢調査で 101 万 123 人となったあとにも、2000 年には人口 186 万 7289 人、2010 年には 191 万 3545 人と増加が続いている（図 4-2）。この札幌市の人口が、北海道の人口に占める割合をみると、1920 年は 4.3% であったが、1980 年には 25.1% と北海道人口の 4 分の 1 を超え、2010 年には 34.8% と 3 分の 1 以上を占めている。

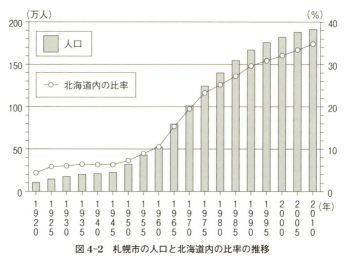

図 4-2　札幌市の人口と北海道内の比率の推移
出所：国勢調査により筆者作成。数値は調査日現在における札幌市域の人口。

　このような人口増加が続くなかで起こった、札幌市の内部における人口の分布変化をみる。そのためのデータとして国勢調査の結果を独自の統計区で集計した札幌市市民まちづくり局企画部統計課の資料を用いる。統計区は新しい年次ほど細分化されているが、ここでは年次間で比較するために、1970年の統計区にあわせる。

　1970～2010年の札幌市における人口密度は（図4-3）、1970年には都心部のみ高い。その後、都心部では人口密度が低下するが、周辺部のJRや地下鉄沿線に人口密度の高い地区があらわれる。1990～2010年には、周辺部における人口密度に大きな変化はないが、都心部ではふたたび高い人口密度を示す地区がみられるようになる。

　次に、周辺部の人口密度に大きな変化がみられなくなる1990年以降に注目し、5年ごとに最高地価点からの距離帯別人口密度をみる（図4-4）。最高地価点を中心に1km圏から15km圏を設定し、統計区の人口を面積按分することで距離帯別人口密度を算出した結果、いずれの年次も3km圏が最高となり、続いて2km圏と4km圏が高い値を示す。1～4km圏は、1990年から1995年にかけて人口密度は低下するが、その後上昇し、とくに1～3km

第 4 章　積雪寒冷都市・札幌における人口の都心回帰

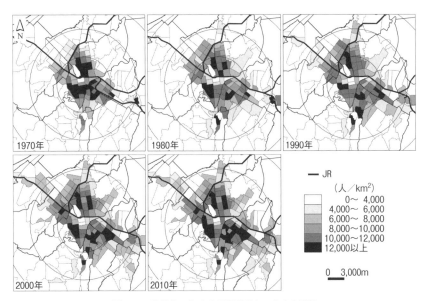

図 4-3　札幌市における統計区別人口密度の推移
出所：札幌市市民まちづくり局企画部統計課資料により筆者作成。

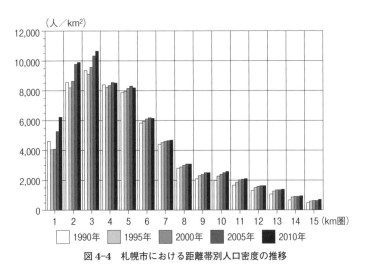

図 4-4　札幌市における距離帯別人口密度の推移
出所：札幌市市民まちづくり局企画部統計課資料により筆者作成。

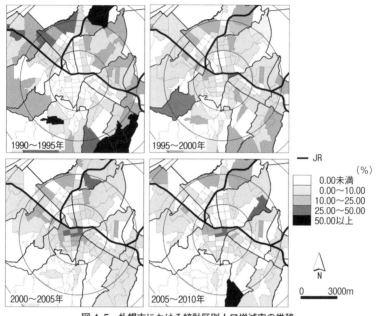

図4-5 札幌市における統計区別人口増減率の推移
出所：札幌市市民まちづくり局企画部統計課資料により筆者作成。

圏は、2000年から2005年にかけての上昇が著しい。それに対して、5〜15km圏の変化は1990年以降、小幅なものとなっている。

人口増減率の変化

さらに、統計区別人口増減率をみると（図4-5）、1990年代前半には都心部で人口が減少し、周辺部や郊外で人口が増加していが、1990年代後半には都心部で人口が増加し、2000年以降には増加率が大幅に高まる。これを距離帯別にみると（図4-6）、周辺部や郊外の人口は1990年代前半に増加するが、1990年代後半から変化はわずかである。それに対して、3km圏内は1990年代前半に大幅な人口減少があるものの、1990年代後半には増加に転じ、2000年代には高い人口増加率を示す。とくに、1km圏は、2000年代前半に27.92％、2000年代後半は18.30％と、すべての距離帯のなかで最も高

第 4 章　積雪寒冷都市・札幌における人口の都心回帰

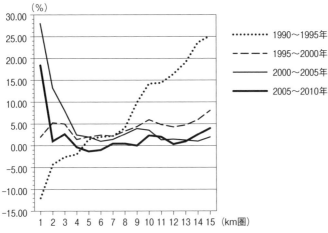

図 4-6　札幌市における距離帯別人口増減率の推移
出所：札幌市市民まちづくり局企画部統計課資料により筆者作成。

い増加率を示す。このように、札幌市では 1990 年代後半を境にして、人口の郊外化から都心部での人口増加へと、人口分布の変化がシフトしている。

年齢別人口の変化

　札幌市の距離帯別・年齢別人口密度をみると（図 4-7）、どの距離帯でも 15〜64 歳人口の密度が高い。また、いずれの年齢帯も 3km 圏の密度が最高となる。これとあわせて、1995〜2010 年の距離帯別・年齢別に年平均人口増減率をみると、65 歳以上の人口増減率はすべての距離帯で 4.00% 以上となり、都心部よりも周辺部や郊外のほうが高い値を示す。それに対して 15〜64 歳人口で 1.00% 以上の増加を示すのは 2km 圏より内側のみ、0〜14 歳人口は 1km 圏のみである。このことから、都心部における人口増加では、生産年齢人口および年少人口の増加が特徴となっている。

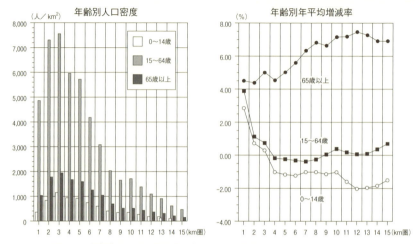

図 4-7 札幌市における距離帯・年齢別人口増減数および年平均増減率の推移
出所：札幌市市民まちづくり局企画部統計課資料により筆者作成。

3　都心部で急増する分譲マンション

分譲マンションの供給動向

　1990年代後半から続く都心部での人口増加は、数多く建設されたマンションが人口流入の受け皿になったことにより生起したと考えられる（香川 2007；橋本 2008）。そこで、札幌市における分譲マンションの供給動向を概観する。なお、分析に用いた資料は、有限会社住宅流通研究所発行『マンション DataBook 札幌圏編』である。

　札幌市で1990年代後半以降に供給された分譲マンションの発売戸数は、1990年代後半に3万851戸、2000年代前半に2万1547戸、2000年代後半に1万5574戸である。この発売戸数を統計区ごと集計してみると（図4-8）、発売戸数の多い地区が都心部の縁辺から中心に向かって移っている。

マンション建設地における地価公示の変化

　国土数値情報の地価公示データを用いて、分譲マンションの発売戸数と地

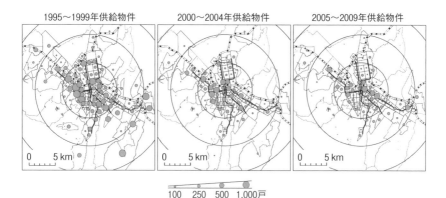

図 4-8 札幌市における分譲マンションの供給戸数
出所:浅田・橋本 (2012) で構築したデータベースにより筆者作成。データソースは住宅流通研究所発行『マンション DataBook 札幌圏編』各年版。

価との関係をみる。このデータは地点を単位とする離散データであるため、クリギング[1]による空間内挿を行い、札幌市全域を網羅する面的な連続データを作成する(図4-9)。これをみると、1990年代前半には都心部で地価の下落が大きく、1990年代後半には下落の大きい範囲が都心部で狭まり、2000年代前半には全域で下落の幅が小さくなっている。それが2000年代後半には、札幌駅の南側を中心に都心部の地価は上昇に転じている。この地価変化とあわせて考えると、分譲マンションは地価が下落した地域にタイムラグをもって建設されていることがわかる。

マンション建設前の土地利用

ここで、都心部において1990年代後半以降に建設された分譲マンションについて、建設前の土地利用をみる(図4-10)。分析に用いた資料は、札幌市中央区における分譲マンション建設前の土地利用データベースであり、これは『住宅地図 札幌市中央区』を資料とし、浅田孟と橋本雄一によって作成されたものである(浅田・橋本 2012)。

分譲マンション建設地における1985年時点の土地利用では、住宅の割合が最も多く、1990年代後半の供給物件では15万2941m^2、2000年代前半の

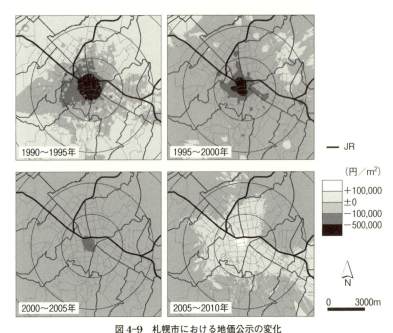

図 4-9 札幌市における地価公示の変化

出所:国土数値情報を用いて筆者作成。図では地価に関する点データをクリギングにより面データに変換している。

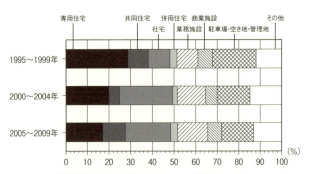

図 4-10 札幌市中央区の分譲マンション建設地における 1985 年の土地利用面積比率

出所:浅田・橋本(2012)で構築したデータベースを用いて筆者作成。データソースは株式会社ゼンリン発行『住宅地図 札幌市中央区 '86』(1985年発行)。

物件では 14 万 6119m^2、2000 年代後半の物件では 7 万 7270m^2 である。

　この住宅を 4 項目(戸建住宅、マンションなどの共同住宅、社宅、作業場などをもつ併用住宅)に分類すると、1990 年代後半の供給物件では、専用住宅が全住宅の敷地面積において 50% 以上を占めるが、2000 年代前半と後半の物件に関しては社宅の占める割合が高い。なお、転用された社宅は、金融系企業の所有していたものが多くの割合を占めている(浅田・橋本 2012)。

　このことからバブル経済崩壊後の不況と、それによる経営不振で、金融機関を中心とした企業が社宅を処分し、この民間資本の転用が、地価の下落とともに都心部における分譲マンションの建設につながったと考えられる。

4　郊外で増加する従業者

従業者密度の変化

　これまでは、札幌市における人口や住宅が、1990 年代後半から都心部で増加傾向にあることを述べた。ここからは、都心部で人口が増加する 1990 年代後半以降における従業者の分布変化をみる。これにより、札幌市内における職住両方の分布変化を把握し、都市の空間的変容を検討する。

　事業所・企業統計で札幌市の従業者数をみると(図 4-11)、1996 年の 93 万 3502 人から 2006 年の 84 万 151 人に減少している[2]。周辺では石狩市が微増しているだけで、ほかは減少しているため、従業地が札幌市外に移転したのではなく、札幌市の従業地としての規模が縮小したことがわかる。

　事業所・企業統計を統計区ごとに集計した札幌市市民まちづくり局企画部統計課の資料を用いて従業者密度をみると(図 4-12)、1996 年も 2006 年も都心部や JR および地下鉄沿線の地区で密度が高く、郊外では密度が低い。これを距離帯別にみると 1km 圏内の従業者数が突出して多く、就業の場が都心部に集中していることがわかる(図 4-13)。しかし、1996〜2006 年の年平均距離帯別増減率をみると(図 4-14)、10km 圏と 11km 圏のみで従業者数が増加しており、ほかの距離帯では減少している。人口の距離帯別増減率とあわせて考えると、人口は都心部で増加し、逆に従業地は郊外化が進んでい

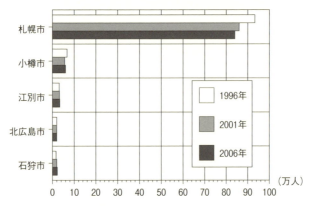

図 4-11　札幌市および隣接市における従業者数の推移
出所：札幌市市民まちづくり局企画部統計課資料により筆者作成。

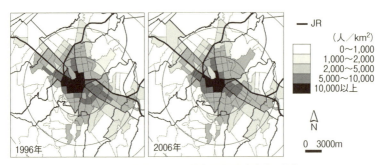

図 4-12　札幌市における統計区別従業者密度の推移
出所：札幌市市民まちづくり局企画部統計課資料により筆者作成。

ることで、従業地と居住地の空間的不整合が解消される方向で変化していることがわかる。

人口増減と従業者増減による札幌市の地域区分

　人口と従業者の分布変化をあわせて、札幌市における傾向を把握するため、統計区を人口増減と従業者増減との組み合わせによって分類すると（図 4-15）、人口のみが増加し、従業者が減少している地区は、都心部および地下鉄沿線に分布している。逆に、従業者のみが増加している地区は西部の郊外に偏っ

第 4 章　積雪寒冷都市・札幌における人口の都心回帰

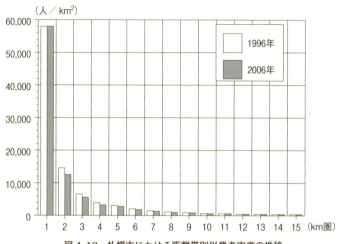

図 4-13　札幌市における距離帯別従業者密度の推移
出所：札幌市市民まちづくり局企画部統計課資料により筆者作成。

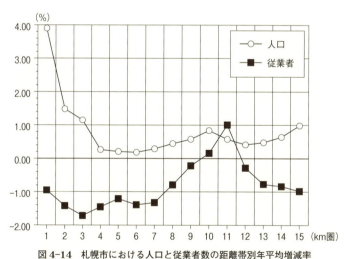

図 4-14　札幌市における人口と従業者数の距離帯別年平均増減率
出所：札幌市市民まちづくり局企画部統計課資料により筆者作成。人口増減率は1995～2010年、従業者数増減率は1996～2006年の年平均値。

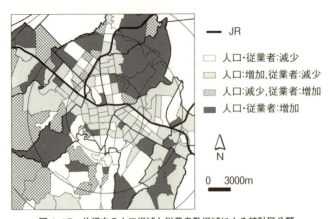

図4-15 札幌市の人口増減と従業者数増減による統計区分類
出所:札幌市市民まちづくり局企画部統計課資料により筆者作成。人口増減率は1995〜2010年、従業者数増減率は1996〜2006年の年平均値。

ており、これらは規模の大きな病院など医療サービスの進出が著しい地区である。また、人口も従業者も増加しているのは郊外で鉄道や地下鉄沿線から離れた地区であり、これら地区では1990年代後半以降に工業団地や住宅地が整備されている。なお、いずれも減少しているのは、早くから開発が進んだ副都心や、市南部の丘陵地で都心部への近接性が低い地区である。

この結果は、事業所は広大な用地や高速道路への近接性を求めて郊外を指向するのに対し、人口は、香川貴志の研究で指摘されるように、都心部における生活の快適性を求めることで生じたものと考えられる（香川 2007）。

5 都心部で深刻化する災害時の避難場所不足

これまで述べたような都心部における急激な人口増加は、積雪寒冷地において防災上の問題を拡大させることが、橋本雄一らの研究などで指摘されている（橋本ほか 2010）。積雪期に地震などの災害が発生した場合、避難場所として利用可能なのは屋内スペースを有する収容避難場所のみであり、公園など屋外の避難場所は使用できなくなる。そのため、積雪期には都心部において避難場所の収容定員を大きく超える避難者が発生することが懸念される。

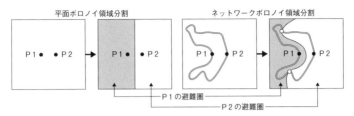

図 4-16　ネットワークボロノイ領域分割による避難圏の設定
注：P1 と P2 は隣接する避難所。

　そこで札幌市の都心部における避難場所の収容能力を検討する。そのために、まず避難場所の理論的避難圏を画定し、そのなかに含まれる人口を算出する。なお、季節差を考慮するため、夏季はすべての避難場所を、冬季は収容避難場所のみを使用するものとする。理論的避難圏の設定は（図 4-16）、相馬絵美と橋本雄一の研究を参考に、避難場所を母点とするネットワークボロノイ領域分割により行う[3]（相馬・橋本 2006）。次に、個々の避難場所の収容定員と、その理論的避難圏内の人口との差分から、避難場所の非収容人口を算出する。分析で用いる人口データは 2010 年国勢調査（小地域）人口、避難場所の位置および収容定員のデータは札幌市防災会議事務局資料、道路データは株式会社北海道地図が作成したものである。

　公園などが使用できない積雪期には、非積雪期よりも避難場所が少なくなることから、生成される理論的避難圏の面積は、積雪期のほうが大きくなる（図 4-17）。そのため、積雪期における避難者の移動距離や移動時間は、非積雪期よりも長くなる。なお、避難圏が大きくなると、各避難場が受け持つ避難人口は多くなる。その結果、都心部においては、ほとんどの避難場所で避難者を収容しきれない状況となる。

　札幌市では、最初に避難場所の指定が行われた 1970 年代から現在まで避難場所の配置数はほとんど変化していないが、人口は約 2 倍になり、大きく分布を変えている。このように人口の総数や分布がつねに変化しているのに対し、避難場所などの公共施設は、いったん整備されてしまうと新規に建設したり、立地場所を移動したりすることは困難である。とくに、マンション

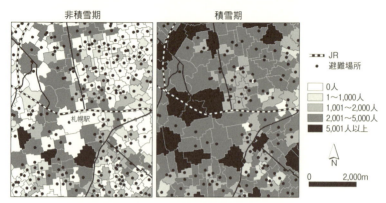

図 4-17　札幌市都心部における各避難場所の非収容人口（2010 年）
注：人口データは 2010 年国勢調査（小地域）による。非積雪期には全避難場所、積雪期には収容避難場所のみを使用するものとして推定。

　建築が進む都心部では、新たに大規模な避難場所を確保することは難しい。このことが、人口と避難場所との空間的不整合を拡大させ、都心部における避難場所の収容能力不足を深刻化させると考えられる。

　以上のように、本章は積雪寒冷地に位置する札幌市を対象として、1990年代後半から 2000 年代後半にかけての「人口の都心回帰」現象に関する考察を行った。このような都心部における急激な人口増加は、生活の快適性を求めての居住地移動により生起したと思われるが、積雪寒冷地では災害に対する社会的脆弱性を高めるという側面もある。そのため、この新しい傾向に対応した行政や住民による防災対策が必要となる（橋本ほか 2010）。

付記
　本研究は、科学研究費助成金　基盤研究（A）「持続可能な都市空間の形成に向けた都市地理学の再構築」（24242034、代表者：日野正輝）および基盤研究（C）「ジオマイクロデータを用いた積雪寒冷地都市内部における積雪期災害時避難の地理学的研究」（2452088302、代表者：橋本雄一）の成果の一部である。

注
1) 空間分析では、有限個の観測値から、それら以外の任意の地点における値を推定して空間内挿を行うことで、新たなデータをつくりだすことが行われる。クリギング（krig-

ing）は、この空間内挿の手法として、複数の地点で得られたサンプリングデータから、予測標準誤差を最小化するように一定区間内の連続的なデータ分布を予測する地球統計学的手法である（Wackernagel 1995）。
2）各種統計調査が経済センサスに統合されるのにともない、事業所・企業統計は 2006 年で最後となった。ここでは、データの時系列的な連続性を重視し、事業所統計のみを分析に用いるため、人口の分析期間と異なる。
3）これは二つの避難場所をつなぐ複数の道路において、それらの中間地点を結ぶようにして地域を分割する手法である。この手法では、「河川を橋でしか通行できない」、「大きな建物は迂回して移動しなければならない」といった現実的な条件を加えて圏域を設定できる。

文献
浅田孟・橋本雄一（2012）「札幌市都心部における分譲マンション建設地の土地利用変化——都心人口増加期の個別物件データによる空間分析」『地理学論集』第 87 巻 2 号、14-25 頁。
香川貴志（2007）「札幌市中央区における分譲マンション供給の特徴——バブル期前後の比較考察を中心として」『人文地理』第 59 巻 1 号、57-72 頁。
川村真也・相馬絵美（2002）「地域防災計画の策定における GIS の活用に関する研究——札幌市中心部を事例として」『北海道地理』第 76 号、9-23 頁。
国立天文台編（2013）『理科年表　平成 26 年』丸善出版。
相馬絵美・橋本雄一（2005）「ネットワークボロノイを用いた都市内避難場所の圏域分析」『地理情報システム学会講演論文集』第 14 号、443-448 頁。
―――（2006）「空間データにおけるネットワークボロノイ領域の分析方法」『北海道地理』第 81 号、29-37 頁。
沼田尚也（2006）「札幌市における人口分布の変化」『北海道地理』第 81 号、45-50 頁。
橋本雄一（2004）「建物用途からみた大都市内部の構造変容——準三相因子分析法による札幌市の時空間分析」『北海道地理』第 78 号、23-50 頁。
―――（2008）「札幌市における建物用途の時空間構造と居住空間の都心再集中」『地學雜誌』第 117 巻 2 号、491-505 頁。
橋本雄一・川村真也・寺山ふみ（2010）「積雪寒冷地のヴァルネラビリティからみた都市空間の高齢者福祉——地理空間情報を援用した歩行空間の分析」『(財) 北海道開発協会開発調査総合研究所　平成 21 年度助成研究論文集』95-116 頁。
橋本雄一・沼田尚也（2007）「積雪寒冷地の都市内部における人口の都心再集中に関する分析」『北海道開発協会開発調査総合研究所平成 18 年度助成研究論文集』133-158 頁。
Wackernagel, Hans（1995）*Multivariate Geostatistics*, Springer.（地球統計学研究委員会訳編、青木謙治監訳『地球統計学』森北出版、2003 年）

（橋本雄一）

第5章
東京大都市圏における少産少死世代の居住地選択

1 都市圏内人口移動の転換

郊外化の終焉

　図5-1は、国勢調査のデータにもとづき、出生コーホート（世代）別に20歳代、30歳代時点の人口分布の変遷を示したものである。当該世代が全人口に占める割合を平均±標準偏差を閾値とする4区分で示し、相対的にどこに分布が集中しているかを表している。分布図を下にみていくと、20歳代・30歳代の人口が集中する地区の変遷を示し、左右にみると、同じコーホートの20歳代時点と30歳代時点の分布の変化を示す。20歳代と30歳代に注目するのは、多くの人がこの時期に離家や結婚、出産といった人生の大きなイベントを経験し、新たな住まいを求めて居住地を移動するからである。

　この図を眺めると、1950年代生まれ以前と1960年代生まれ以降では、20歳代から30歳代にかけての分布の変化に大きな違いがある。1950年代生まれ以前は、20歳代の分布は中心に集中し、30歳代になると周辺に拡散する様子が認められ、さらに30歳代の分布は、世代が新しくなるにつれて外側に広がる。つまり、若い時分は都心部に住むが、結婚して家庭をもつようになると郊外に移動し、さらに時代が新しくなるほど遠隔化する。しかしながら1960年代生まれ以降になると、20歳代と30歳代の分布にそれほど大き

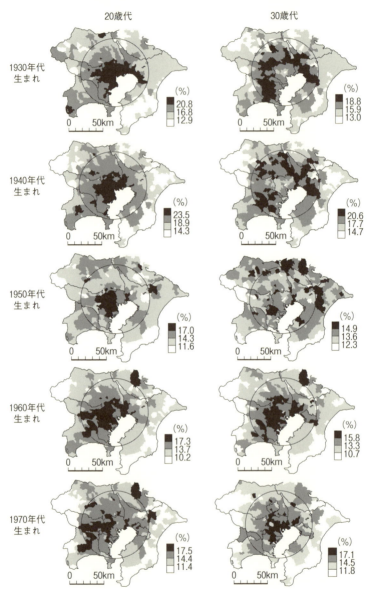

図 5-1 東京圏における出生コーホート別 20 歳代、30 歳代の市区町村別人口割合
注:階級区分は平均±標準偏差。
出所:国勢調査をもとに筆者作成。

な違いはなくなる。むしろ、より中心に集中するような傾向さえ認められる。30歳代になると郊外に分散していくのがそれまでの世代の特徴だったが、1960年代生まれ以降の世代になると、30歳代になっても都心部に集中している。

このことから、1960年代生まれの世代を境として、大都市圏の居住地移動の指向性が大きく変化したことがうかがえる。1960年代生まれ以降の世代が、住宅取得期とされる30歳代になるのは1990年代以降である。それは非婚化や晩婚化、少子化・高齢化の問題が大きく取り上げられるようになった時期であり、またバブル経済が崩壊して景気が低迷し、非正規雇用の増加とともに格差の拡大が社会問題化していった時期である。そうした時期にあって、東京の特別区部の人口が減少から増加に転じるようになる一方、大都市圏の空間的拡大に歯止めがかかり、むしろ縮減の兆候がみられるようになった。つまり1990年代を境として居住地移動に大きな変化が生じ、その主役が1990年代以降の激変する社会経済的環境のなかで居住地選択を迫られた1960年代生まれ以降の世代にあると考えられる。本章では、このことをデータから検証するとともに、そうした変化の背景を考察することで、大都市圏の居住地域構造の動向について考えてみたい。なお本章では、東京都、埼玉県、千葉県、神奈川県の1都3県からなる東京圏を念頭におき、そのうち東京都特別区部を中心部もしくは都心部、その周りのおおむね50km圏までを周辺部もしくは郊外、そしてその外側を外縁部と称する。

都心の人口回復

東京都の特別区部の人口は、国勢調査によると、1965年の889万人をピークに減少が続いたが、1995年の797万人をボトムに増加に転じ、2010年には895万人まで回復した。図5-2は東京圏および特別区部の人口転入超過数の推移を示したものである。東京圏への転入超過には、1960年代の高度成長期、1980年代後半のバブル期、さらに2000年以降の三つのピークがある。一方、特別区部への転入超過は、1960年代後半以降1990年代半ばまでプラスに転じることはなく、転入超過が続く都市圏の人口を郊外がもっぱら吸収

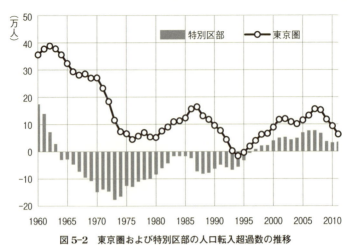

図 5-2　東京圏および特別区部の人口転入超過数の推移
出所：住民基本台帳移動報告をもとに筆者作成。

し、都心部では人口が減少する人口のドーナツ化が展開していた。しかしながら、1990年代後半になると特別区部の人口は転入が超過するようになり、都心の人口回復として注目された。

　図5-3は年齢（5歳階級）別人口の変化から、簡便な方法で特別区部の人口の移動を推測したものである。すなわち、ある時点の年齢別人口が、自然増減や社会増減がなく5年後も変わらないとすれば、5年後の年齢別人口の推測値は5年加齢した年齢別人口の値となる。しかし現実には、想定された人口の推測値と実際の値は異なり、その差は人口の自然増減を些少とすれば、人口の社会増減、すなわち流出入の差とみなすことができる。実測値が推測値よりも大きくなれば流入超過であり、実測値が推測値に満たなければ、その差は流出ということになる。

　これをふまえて図5-3をみると、1990～95年にかけては、10歳代後半から20歳代前半にかけて流入が超過し、20歳代後半になると流出が超過している。つまり若年層が流入し、その後、結婚やその他家族の変化に応じて流出していったものと考えられ、それまでの郊外化の時代に典型的にみられたパターンである。しかし1990年代後半になると、20歳代前半の流入超過は

第5章　東京大都市圏における少産少死世代の居住地選択

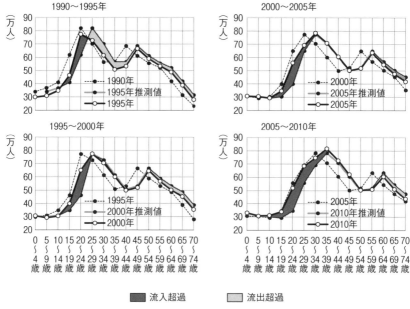

図 5-3　東京特別区部の年齢別人口の変化
出所：国勢調査をもとに筆者作成。

相変わらず継続しているものの、20歳代後半以降の流出超過は大きく減少した。つまり、新たな住まいを求めて郊外に流出していた人口が特別区部にとどまり、郊外に脱出しなくなったのである。1990年代後半に始まる特別区部の人口回復というのは、転入者が新たに増加したというよりも、郊外に住まいを求める転出者が減少し、その結果として転入超過となったと考えられる。この傾向は2000年代になっても続き、2005～10年には転入超過がより年長の年齢層にも及ぶようになった。特別区部の人口回復をさして「都心回帰」と称することがあるが、この表現には郊外から都心部への人口転入というニュアンスがある。そうした移動も増えていることは確かだろうが、大勢は新たな住まいを求めて郊外に流出していた人口が、都心部にとどまるようになったと考えるのが妥当であり、「都心残留」といったほうが実態に即している。

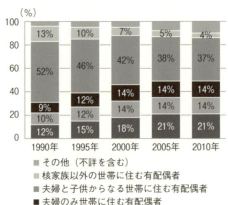

図 5-4　東京圏における 30 歳代の住まい方の推移
出所：国勢調査をもとに筆者作成。

2　少産少死世代の居住地選択の背景

　1960 年代以降に生まれた世代が住宅の取得期に入った 1990 年代以降、大都市圏内の人口移動の潮流は大きく変わったが、そうした若者の住まいの選択が変わった背景には、どのような要因があったのだろうか。ここでは非婚化・晩婚化や少子化により世帯の家族構成が変化したこと、女性が結婚や出産後も就業を継続するようになり世帯の稼得形態が変わったこと、および東京圏つまり地元の出身者が増加したことの 3 点を指摘しておきたい。

非婚化・晩婚化、少子化
　図 5-4 は東京圏に住む 30 歳代の人口について、世帯の家族類型と婚姻関係から住まい方の類型を求め、その変化を示したものである。つまり親元に住んでいるのか（親族世帯に住む未婚者）他出しているのか、他出して独立世帯を営んでいるのなら、未婚の一人暮らしか（単独世帯に住む未婚者）結婚して家族と住んでいるのか、家族と住んでいるのなら、子供はいるのか（夫

婦と子供からなる世帯に住む有配偶者）いないのか（夫婦のみ世帯に住む有配偶者）という観点で分類したものである。もちろん、結婚後も親と一緒に住む世帯やひとり親の世帯もあるが、それらは少数なので「核家族以外の世帯に住む有配偶者」や「その他」に分類してある。

30歳代の住まい方は1990年代以降大きく変化し、夫婦と子どもからなる世帯（「夫婦子供世帯」）に住む有配偶者割合の低下と、「夫婦のみ世帯」に住む有配偶者、および「親と同居」あるいは「一人暮らし」の未婚者の割合の上昇が著しい（なお、20歳代の住まい方についても同様に推移を確認したが、そこに大きな変化はなかった）。1990年から2010年のあいだに、夫婦子供世帯に住む30歳代の有配偶者は228万人から210万人に減少する一方、夫婦のみ世帯に住む有配偶者は41万人から81万人に、単独世帯に住む未婚者は45万人から80万人に、親族世帯に住む未婚者は51万人から117万人に大きく増加した。いわゆる「標準世帯」とされる夫婦子供世帯を構成する30歳代の夫婦が減少する一方、それ以外の「非標準世帯」に住む30歳代人口は137万人から279万人に達し、夫婦子供世帯は少数派に転じた。結婚しているかいないか、あるいは子供がいるかいないかによって住まいに求めるニーズや条件は大きく異なるから、こうした世帯のあり様の変化によって、住まいの選択が大きく変わったと考えられる。

では、夫婦子供世帯や夫婦のみ世帯、未婚者の居住地の分布は変わったのだろうか。図5-5は2000年と2010年の家族類型別の30歳代人口の分布を示したものである。2000年の30歳代は1960年代生まれであり、2010年の30歳代は1970年代生まれであるが、両年次の分布に大きな違いはない（本来ならば1960年以前に生まれた世代の分布と比較したいところであるが、1990年以前の国勢調査では、年齢別・家族類型別の表章は人口50万人以上の市区に限られるため、分布図に示すことができなかった）。一人暮らしの単身者や夫婦のみ世帯に住む夫婦は都心部に集中し、その外側の郊外には夫婦子供世帯が、そして外縁部には親族世帯に住む未婚者が集中している。

こうした傾向は1990年以前も同様であったと考えられ、単身者や子供のいない夫婦が利便性に富む都心部を選好し、子供がいる世帯はその周辺の郊

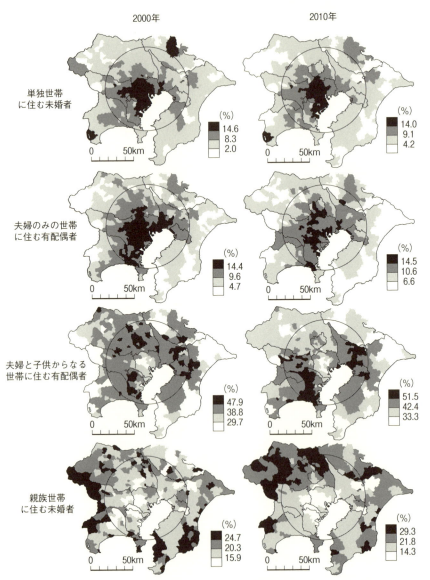

図 5-5 東京圏における 30 歳代の人口に占める家族類型別世帯人員の市区町村別割合

注：階級区分は平均±標準偏差。
出所：国勢調査をもとに筆者作成。

外を選好する傾向は時代に変わりなく共通している。ただ、郊外を志向する夫婦子供世帯が減少し、未婚者や夫婦のみ世帯が増加したことが、全体として分布に変化をもたらしたのであろう。個々の家族類型別の住まい方にはさほど大きな変化はなく、その構成が大きく変わったことが全体の動向を左右したと考えられる。かつては夫婦子供世帯が卓越し過半を占めていたので、その動きが大都市圏の居住地移動の趨勢を決めていたが、今日ではそれぞれの家族類型が相応の割合を占めるようになったため、居住地移動の方向性が収束することなく発散して、全体の潮流をみえにくくしている。

女性の就業継続

　昨今では、女性が仕事をもち、結婚や出産後も仕事を続けるようになっており、また労働力不足が懸念されつつあるなかで、そのようにも期待されている。図5-6は東京圏における女性の年齢別労働力率を1990年と2010年で比較したものである。左側の上下のグラフは未婚女性と有配偶女性の労働力率を比較したものだが、未婚女性の労働力率は若干低下したものの（就業状態の不詳が大幅に増えたためと思われる）、有配偶女性の労働力率は20歳代後半から30歳代前半にかけてと40歳代後半以降で上昇した。未婚女性に比べて有配偶女性の労働力率は低く、結婚にともない労働市場から退出する傾向は依然強いが、それでも30歳代前半の女性の労働力率は、1990年には未婚者の89%から既婚者の35%に大幅に落ち込むのに対して、2010年は82%から48%へと減少幅が小さくなり、結婚しても働き続ける女性が増加した。

　有配偶女性の労働市場への参加を仕事の主従、すなわち仕事が主のフルタイム就業と仕事が従のパートタイム就業に分解したのが右側のグラフである。パートタイムについてはグラフが年長側に5年ほど平行移動しただけで、ほぼ同じような分布のかたちをしている。結婚や出産の時期が遅くなることによって子育てが一段落する時期がずれ、そのために労働市場に再参入する時期が遅くなったものと考えられる。一方、フルタイムの有配偶女性の分布は、とくに20歳代後半から30歳代前半にかけて大きく増加した。

　東京圏において30歳代前半の女性は1990年には100万人いて、そのうち

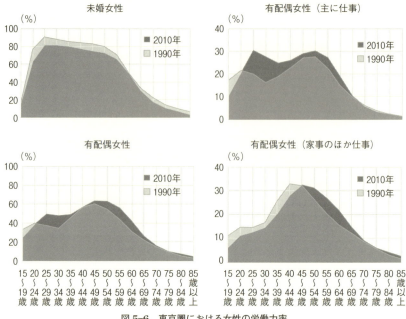

図 5-6 東京圏における女性の労働力率
出所：国勢調査をもとに筆者作成。

有配偶者は 79 万人（80％）だったが、2010 年には 118 万人に対し有配偶者は 72 万人（61％）となり、有配偶者率は大きく低下した。また、有配偶者のうちフルタイム就業者は 13 万人（16％）から 20 万人（28％）へ増加する一方、パートタイム就業者は 13 万人（19％）から 10 万人（15％）に減少し、専業主婦も 52 万人（65％）から 31 万人（43％）に大幅に減少した。つまり未婚者の割合が増え、さらに結婚してもフルタイムで働き続ける女性が増加した。

　専業主婦世帯と妻がフルタイムやパートタイムの仕事に就いている世帯の居住地の分布に違いはあるのだろうか。図 5-7 は 1990 年と 2010 年の 30 歳代有配偶女性の居住地分布を労働力状態別に示したものである。1990 年の 30 歳代といえば 1950 年代生まれの世代であり、2010 年は 1970 年代生まれの世代であるが、両者の分布に大きな違いはない。すなわち、妻がフルタイム

第5章 東京大都市圏における少産少死世代の居住地選択

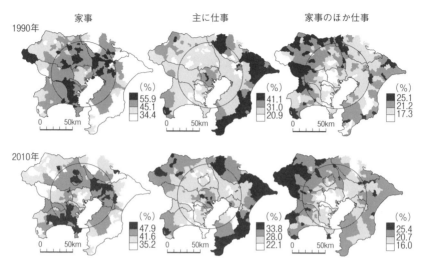

図 5-7 東京圏における労働力状態別にみた 30 代有配偶女性人口の市区町村別割合
注：階級区分は平均±標準偏差。
出所：国勢調査をもとに筆者作成。

就業する世帯は都心部と外縁部に多く分布し、専業主婦世帯はその中間の郊外に集中し、パートタイム世帯は外縁部に多く分布している。外縁部の女性就業については、そもそも農家世帯の割合が高く、サラリーマン世帯が多い都心部や郊外と同一に考えることはできないが、少なくとも都心部、郊外、外縁部に同心円状の住み分けが認められる。つまり、フルタイムの仕事をもつ女性にとっては就業機会が豊富な都心に近いことが大事な条件であり、一方専業主婦世帯にとっては居住環境に恵まれた郊外を選択するというのは世代を通じて大きく変わっていない。

　労働力調査によると、夫婦ともに雇用者の共働き世帯は年々増加し、1997年以降は男性雇用者と無業の妻からなる片働き世帯を上回るようになった。既婚女性の就業はそれまでにもあり、子育てが一段落した主婦が家計の足しにパートタイムで就業するのはめずらしいことではなかった。しかし 2000年以降の大きな特徴は、30 歳代のまさに子育て期の女性の就業率が著しく向上したことである。

1986年に男女雇用機会均等法が施行されて以降、男女共同参画社会の実現に向けてさまざまな制度的枠組みが整備され、女性が仕事を通じて自己実現をはたす機会と理解が社会に醸成されつつある。また、キャリアの形成や生涯収入の面で、30歳代のブランクが不利益に通じるという認識も広まってきた。しかし、そうした意欲や意識の変化もさりながら、家庭をとりまく経済環境も1990年代以降大きく変化した。経済の低迷や雇用の不安定化によって給与水準が低下し、もはや一人稼得世帯を維持するのが難しくなり、共働き世帯の増加となって表れた。

　子育期の女性の就業は、労働力不足に直面するこの国にとって、潜在労働力の活用という点で注目されているが、一方で将来の人口減少に対処するためには、出生率の向上も課題になっている。若い夫婦が仕事と子育てにどう対応するか、これは夫婦がどのような人生を送るのか、つまりライフスタイルと密接にかかわる問題であり、その選択肢としては三つの戦略が考えられる。

　第一に、夫婦のどちらか一方が仕事を辞めて子育てに専念する。これは従来の専業主婦世帯の戦略であり、夫が主夫になってもよいのだが、一人稼得で家族を養うのが厳しくなりつつある今日、もはや誰もが望みうることではない。第二に、子育てをあきらめる、つまり子供を産まないという選択である。結婚しない男女や子供がいない夫婦などの増加になって表れている。第三は、夫婦の共働きを前提として、子育てと仕事の両立を図ることである。その際、育児と家事や仕事の折り合い、つまりワークライフバランスの実現が求められるが、職住分離の郊外居住では職業生活と家庭生活の両立は容易でない。職住近接の都心居住が求められ、そうしたニーズの増大が都心の人口回復に結びついていると考えられる。

地元出身者の増加

　図5-8は出生コーホート（世代）ごとに各年齢時点で東京圏居住者が全国に占める割合の推移を示したものである。非常に錯綜した図だが、各年齢時点の東京圏割合の変化の様子から、世代を大きく三つのグループに分けるこ

第 5 章　東京大都市圏における少産少死世代の居住地選択

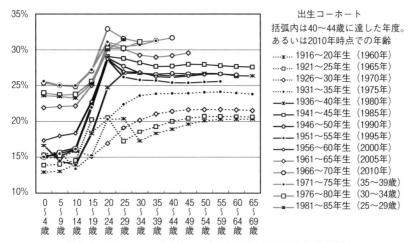

図 5-8　出生コーホートごとにみた各年齢時点での東京圏居住者割合
出所：国勢調査をもとに中澤（2010）に加筆。

とができる。第一は 1935 年以前に生まれたグループであり、幼少期の東京圏割合が低く、それが青年期以降になると 5 ポイントほど上昇する。地方の若者が就業や就学の機会を求めて上京し、その後一部は出身地に還流し、一部はそのまま滞留するのは近代以降変わらない姿であるが、地方圏の他出圧力がまだ弱く、また彼らが 20 歳を迎えたのは 1955 年以前の高度経済成長前であるため、東京圏の吸引力もそれほど大きくない。人口学で分類する「多産多死世代」(伊藤 1984) に符合するが、人口移動のパターンからいうと「在村世代」と称してもよいだろう。

　第二は 1936 年から 1960 年までに生まれたグループであり、幼少期の東京圏割合は先の「在村世代」と同様に高くないものの、青年期になるとその割合が 10 ポイント以上上昇する。彼らが 20 歳を迎えたのは 1950 年代後半から 1970 年代までの高度成長期である。人口転換により「多産少死世代」にかわって地方圏の他出圧力も高くなるとともに、豊富に提供されるさまざまな機会を求めて多くの若者が上京した「向都離村世代」である。このグループには団塊世代も含まれていて人口規模が大きく、また出身地の人口吸収力が弱体化しているため還流もままならず都市に残留し、新たな生活の基盤を

求めて都市の郊外に居を構えていった。

　第三は1961年以降に生まれたグループで、幼少期から東京圏割合が高いのが特徴である。世代的には第二グループの「多産少死」の「向都離村世代」の子世代に相当し、「少産少死世代」であるとともに、東京圏を故郷とする「在都世代」である。1990年代後半以降、彼らが結婚や出産、住宅の取得期に入り、その人生の選択が従来の規範的パターンにとらわれずに多様化していることが、住まいの選択においても、これまでのトレンドを外挿するだけでは理解を困難にしている。

　地元（東京圏）出身者の増加は、幼少期を東京もしくはその周辺で過ごし、学校を卒業して就職するまで、あるいは結婚を機に他出するまで実家で家族と同居し、実家を中心とした生活圏のなかで人生を過ごしてきた人間が少なくないことを示す。筆者らが2010年に1970年代前半生まれの東京圏在住者に対して行ったアンケート調査によると（中澤ほか2012）、東京圏出身（高校卒業時点の居住地を出身地とみなした）の既婚者のうち男性の46％、女性の71％は結婚するまで親のもとで同居していた。郊外化の時代の居住地移動のモデルは、未婚の単身者が都心部に流入し、家族の形成を契機として郊外に流出することを前提にしたものであるが、このように単身時代の一人住まいの経験が希薄になり、結婚を期にはじめて他出を経験するようになると、既存の居住地移動のモデルは大きく修正を迫られる。

　また、既婚世帯の居住地（市区町村）と親の居住地（夫方・妻方の親のうち近い方）をみると、親と同居する既婚子は少ないものの、39％の世帯が夫方もしくは妻方の親の居住地の5km圏内に住み、その割合は10km圏内にまで広げると54％に達する。つまり結婚しても親の近くに住む「近居」が多い。さらに、平山洋介によると、妻が正規雇用の仕事をもつ世帯ほど親の家との距離を重視して居住地を選ぶことが多く、また妻の親との距離を重視するという（平山2011）。共働き世帯にあっては、仕事と家事・育児の関係を個人や家族のなかで調整することが必要になり、場合によっては公的資源のみならず親族資源のサポートも動員される。これらをどのように組み合わせるかは個々の世帯の生活戦略であるが、少なくとも、女性の就業継続と育児

支援を支える基盤の一つが親との近居にある様子がうかがえる。

　少産少死世代には大都市圏出身の「第二世代」が多い。親世代の多くは大都市圏内に住んでおり、それはすなわち、居住地の選択にあたって実家や親の存在を無視できないことを意味する。地方出身者が多い多産少死世代の「第一世代」は、故郷に残した親の存在を気にしつつも、あるいは当てにできないことを前提に、自らの住まいの選択を行うことができた。それに対して少産少死世代の多くは前提として実家の存在があり、その支援を期待することもできれば、いずれは支援を期待される場面も出てくるであろう。もちろんこれは選択の問題であるが、少なくとも多産少死世代の居住地選択の念頭にはなかった実家との関係が看過できない要素になっている。

3　「ライフコース移動」から「ライフスタイル移動」へ

　これまで、1960年代生まれの世代を境として、居住地移動の方向性が大きく変わったことを指摘してきた。それは、人口分布が大都市圏の外延的拡大つまり郊外化を指向する方向から、都心部に人口が戻り始め、大都市圏が縮減していく将来を示唆するものである。1950年代生まれ以前の世代は「多産少死」の「向都離村」世代で、大都市圏を新たな故郷と定めて切り開いてきた第一世代である。一方、1960年代生まれ以降の世代は「少産少死」の「在都」世代で、大都市圏で生まれ育ち、それ以外に故郷とする場所をもたない第二世代である。この両者のあいだに大都市圏での居住地移動の方向性に大きな断絶があるというのが本章の問題提起であり、その背景として、非婚化や晩婚化が進んで家族のあり方が変わったこと、女性の社会進出が進み夫婦共働き世帯が増加したこと、地元出身者が増え居住地を選ぶ際に実家との関係性を念頭におくようになったことを指摘した。

　世代交代にともなう居住地移動の変化が、上記のような要因によってもたらされたとするのなら、最後に、住まいの取得や家族の形成、働き方の選択といった人生の構築期にあたる30歳代がどんな時代であったのか整理し、そうした背景が人々の住まいの選好にどのような影響をもたらしているのか

表 5-1　成長社会と成熟社会

	成長社会	成熟社会
時代背景	・経済成長と人口増加 ・大量生産、大量消費 ・福祉国家、大きな政府	・景気後退と人口減少 ・資源・エネルギー・環境の制約 ・地方分権、財政の逼迫
社会背景	・年功序列型終身雇用 ・親子中心型核家族志向	・雇用の流動化・不安定化 ・個人化、価値観の多様化
居住地移動	・都市圏流入者 ・所得水準に制約された選択 ・ライフコース移動 ・住宅双六による一筆書き型	・都市圏出身者 ・居住地選択の多様化 ・ライフスタイル移動 ・実家を起点としたショットガン型
都市圏	・市場原理による外延的拡大 ・同心円構造	・選択原理による都市圏縮減 ・マダラ／モザイク模様

について、大まかな見取り図を示しておこう（表5-1）。

　多産少死世代が人生の構築期を迎えた1980年代までの時代は、都市の成長と人口増加を前提とした「成長社会」の時代であった。経済成長による所得増大、地価上昇によるキャピタルゲインをもとにした資産形成、年功序列の安定雇用などが保障する「明るい未来」(中澤 2010) を疑う者はいなかった。また、福祉国家政策にもとづく公的住宅政策も拡充され、さらには地縁・血縁・社縁（企業）の中間集団も衰えたとはいえその機能を失ってなく、結果として制度的・集合的な危機回避機能が未来の安心を支えていた。

　そうしたなかで、豊かな自然や住環境に恵まれた郊外住宅地のイメージは、職業生活と家庭生活を峻別して私生活を享受する親子中心型核家族のファミリー志向とあいまって、住宅双六の「上がり」として人生の目標とされた。そして、それに呼応して郊外の住宅地も大量に供給され、「マス・ハウジングのシステム」(住田 2007) が形成された。都市の居住者が一定水準の住宅・宅地を取得しようとすれば、居住者は自らの居住ニーズや希望する生活スタイルの如何にかかわらず、所与の所得水準に制約された居住地選択を受容せざるをえない。かくして低価格の住宅地を求めて開発前線が果てしなく拡大し、大都市圏が止めどもなく膨張し、「市場原理にもとづいた同心円構造」(広原 2010) が形成されていった。

つまり、年齢規範に裏打ちされた画一的なライフスタイルのもとで、多数派のライフデザインに呼応した一筆書き型の住宅双六の「上がり」が郊外居住というゴールになり、「ライフコース移動」（中澤 2010）ともいうべき、合成ベクトルとしての郊外化が大きな潮流になったのである。向都離村世代の都市圏流入者は、縁も所縁もない場所で新しい人生を切り開き、自らの意思と経済力で新しい住まいを選び取っていったと考えられがちだが、しかしそれは、まったく準拠する基準がないところで自由に選択していったものではなく、時代が設定する規範にもとづいて与えられた選択肢のなかから、経済力に相応して新しい定住の地を選んだのであり、それが郊外の住宅地であった。

一方、少産少死世代が人生の構築期を迎えた1990年代以降は、経済成長や人口増加が頭打ちとなり、資源やエネルギー、環境の制約も避けて通れなくなった「成熟社会」の時代である。人口の減少や少子高齢化が進み、雇用の流動化・不安定化により年功序列型終身雇用体系の解体という長期安定条件の喪失もあり「不透明な将来」（中澤 2010）に包まれている。また、新自由主義政策のもとで住宅市場から公共セクターの退場が進み、企業の福利厚生も切りつめられた。さらにはライフコースを律してきた伝統的社会規範が弱体化し、制度的危機回避機能に寄りかかることはできなくなり、個人の選択と責任に委ねられるようになった。

その結果、非正規雇用や共働き世帯の増加などによって労働形態は多様化し、また、少子高齢化により親子中心型核家族構造も解体しつつあり、家族形態や居住形態も多様化している。成育歴や価値観も多様になり、集団を一つに束ねるようなライフスタイルはもはや存在しなくなった。個々人の多様な労働形態や家族形態、あるいは価値観にもとづいたライフスタイルの選択にもとづいた「ライフスタイル移動」（中澤 2010）が中心になっている。幸い大都市圏の人口減少により住宅需要が緩和されたことや、地価の下落で都心の集合住宅が市場性をもつようになったこともあり、居住者の住宅取得能力は相対的に上昇し、居住地選択の幅が拡大するようになった。また、情報化による在宅勤務の普及やリタイア人口の増加と集積によって、勤務地に拘

束されない居住者集団も増加している。個人がおかれた状況は多様であるから、それはいくつかのサブグループに大別することはできても、もはや規範的な集団を形成するものではない。年齢と居住地の結びつきが弱まり、個々のライフコースがなす合成ベクトルの明確な方向性を見出すのは困難になる一方で、家族のあり方や働き方などのライフスタイルの選択によって居住地が選好され、居住地移動が規定されるようになったのである。

　故郷をあとにしてきた向都離村世代は、大都市での住居遍歴の振り出しを都市の内部に定め、みないっせいに住まいのゴールを目指して、市場原理に応じてあたかも「一筆書き」のように、大都市圏の内側から外側へ同心円状の居住地移動を重ねていった。一方、すでに振り出しが大都市圏にある在都世代は、実家を起点として、そこからそれぞれの選択にもとづいて、あたかも「ショットガンが四散するように」（角野 2010）移動している。今日、郊外に向かう住宅双六の一筆書きは遮断され、大都市圏の同心円的な居住地構造はメルトダウンしつつある。人口の減少は住宅（地）の余剰をもたらして大都市圏の空間的縮減が進むとともに、住宅市場において居住者に選択された住宅地が生き残り、選択から漏れた住宅地は非居住地化して、大都市圏のなかに局地的な衰退地域・荒廃地域が「シミやマダラのように」（広原 2010）あちこちに出現していく姿が想定される。

文献
伊藤達也（1984）「年齢構造の変化と家族制度からみた戦後の人口移動の推移」『人口問題研究』第 172 号、24-38 頁。
角野幸博（2010）「郊外住宅地の変遷と行方――ブルジョワ・ユートピアから超郊外まで」広原盛明・高田光雄・角野幸博・成田孝三編『都心・まちなか・郊外の共生――京阪神大都市圏の将来』晃洋書房、107-128 頁。
住田昌二（2007）『21 世紀のハウジング――「居住政策」の構図』ドメス出版。
中澤高志（2010）「団塊ジュニア世代の東京居住」『家計経済研究』第 87 号、22-31 頁。
中澤高志・川口太郎・佐藤英人（2012）「東京圏における団塊ジュニア世代の居住地移動――X 大学卒業生の事例」『経済地理学年報』第 58 巻 3 号、181-197 頁。
平山洋介（2011）「女性のライフスケープ」『都市の条件――住まい、人生、社会持続』NTT出版、141-173 頁。
広原盛明（2010）「まちなか重視の都市・住宅政策論をめぐって」広原盛明・高田光雄・

第 5 章　東京大都市圏における少産少死世代の居住地選択

角野幸博・成田孝三編『都心・まちなか・郊外の共生——京阪神大都市圏の将来』晃洋書房、382-400 頁。

（川口太郎）

第6章
東京大都市圏における住宅取得行動の変化

1 日本の住宅取得行動の変化

　戦後の日本では、住宅の量的充足を目指して核家族世帯による持家取得の促進に重きがおかれてきた（平山 2009；Ronald 2008）。これにより、1960年代から全国的に郊外での戸建住宅を中心とした住宅地開発が進められ、人々は「住宅双六」の上がりを目指してそれらに転入していった。郊外住宅地は、数十年にわたり大都市圏の居住機能を担ってきたといえる。しかし、1990年代後半になると都心部が居住地としての機能を強め、都心人口が増加し始めた。これは、直接的には地価の下落にともないマンションと公共住宅が供給されたためであり（不動産経済研究所 2002）、間接的には世帯の縮小や女性の社会進出が進み人々の住宅ニーズが多様化するなかで、郊外の戸建住宅よりも都心部のマンションが好まれるようになったためである（久保・由井 2011；小泉ほか 2011）。
　東京大都市圏における居住地域構造が大きく変容している現在、その実態を明らかにするうえでは、住宅の供給的側面や居住者の住宅取得行動の分析が有効であると考えられる。しかしながら、複雑に入り組んだ住宅市場においてすべてのサブマーケットに焦点をあてることはデータの制約などの問題もあり大変困難である。そのため、本章では1990年代後半以降の住宅供給

において重要な役割を占めるマンションの供給的側面と居住者の住宅取得行動を扱う。

2 第二次大戦以降の日本の住宅市場とマンション居住の浸透

　第二次大戦後の日本の住宅市場は、焼け野原になった国土での圧倒的な住宅不足から始まった。住宅財の不足や建設資金の不足も重なり、絶対的な住宅不足下で、不良住宅の供給がなされた。1950年代に入り、住宅関連法が整備されたことにより、戦後住宅不足への取り組みが本格化した。住宅金融公庫法（1950年）、日本住宅公団法（1955年）など、現在の日本の住宅市場を形成するうえで重要な法案が整備されている。高所得者層の住宅購入に向け、住宅金融公庫の融資が行われ、中産階級に対しては、日本住宅公団による大規模住宅団地の供給、賃貸住宅や公営住宅の整備が行われた（影山 2004）。

　これらの住宅制度の整備が進むなかで、住宅所有に対するイデオロギーは急速に強められることとなり（Hirayama and Ronald 2007）、1960年代の前半までに日本の住宅所有率は60％に達した（Ronald 2008）。1960年代以降都心部での地価高騰や住宅不足により加速度的に郊外での住宅地開発が進行した（松原 1982）。郊外における住宅開発地は、経済成長によって急速に成長した中産階級層を受け入れる役割を担っていた。都心通勤者は、結婚や出産によって都市近郊に転出し、持家取得時に郊外での戸建住宅へと向かった（川口 1997）。大都市圏の都心部に不動産をもたない非大都市圏出身者が郊外における戸建住宅の取得へ向かったとされており、郊外化が加速度的に進行した（谷 1997）。

　戸建住宅購入のための郊外への転出は、バブル経済期の土地価格高騰によってさらに拍車がかかり（Van Vliet and Hirayama 1994）、郊外における戸建住宅購入は理想とさえみなされた（影山 2004）。一方で、マンションをはじめとする中高層の集合住宅は、戸建住宅を購入する以前の居住形態でいずれ転居する居住形態とみなされていた。

　1990年代以降には、マンションが永住形態として選択される傾向が強ま

り、郊外住宅地が必ずしも魅力的な選択肢ではなくなっている。以下では、「持家＝戸建住宅」、「マンション＝戸建購入前の代替的居住形態」というイメージが変容していく過程を明らかにするため、日本におけるマンション居住史を概観する。

　1950年代後半から1960年代前半にかけて供給された都心立地の「デラックスマンション」が日本におけるマンション供給の始まりである。その後、マンション・ディベロッパーの戦略によって、マンション供給は、高級化と大衆化の二つの流れに分かれた。1972〜73年のマンション供給ブーム時には「郊外マンション団地族」が取りざたされるようになった。公団住宅の登場以降、一般化してきた集合住宅の供給であるが、この時期を境に郊外においてもマンション供給が増加していった。また、この頃から地方圏においても広域中心都市の中心部などにマンションが供給されるようになった。1977〜80年のマンション供給ブーム時には、供給物件が多様化し、都心立地の高級マンション、鉄道系企業によって供給された郊外における価格を抑えたマンションの開発など、各ディベロッパーの戦略によって供給地域が拡大した（松原 1985）。

　三大都市圏における1970年代〜1995年の土地利用変化を扱った富田和暁によると、東京都心部においては、1990年代までに業務系土地利用が卓越した（富田 1996）。住宅系としてマンションの供給もみられたが、バブル経済期にオフィス需要が増大したため、マンションが業務系に転用されることも多かった。大阪圏においては、1980年代のマンションなどの住宅系土地利用が増加し、1990年代には業務系の土地利用が増加した。名古屋圏では、東京・大阪と比較して業務系の卓越の割合は高くないものの、1980〜90年代に業務系の増大傾向がみられた。都市圏による差異はあるものの、バブル経済期の地価高騰期には、都心部は業務機能を中心とする空間に特化していったことがわかる。このようななかで、住宅系の土地利用は郊外への外延化を余儀なくされ、都心におけるマンション供給は不動産投資目的のワンルームタイプなどに限定された。

　バブル経済期の都心部における業務系土地利用の増大と、人口減少傾向は

1995年以降に一変した（富田2004）。1995年以降は、住宅系土地利用が増大し、東京都心3区では1996年以降人口が増加に転じた。マンション供給の増加にともなって、単身世帯を中心に都区内からの転入者が都心部のマンションに入居した。東京都中央区においては、2000年以降単身者用マンション供給がさかんであり、核家族向けマンションと戸数において同程度供給されていた。他方、大阪圏においては、単身用マンションの供給は核家族用マンションの供給に比べると少数であった。

　東京都心部における1990年代後半以降の人口回復は、公共住宅の建て替えにともなって、高齢世帯が港区に転入したことと、地価の下落にともなって分譲マンションの供給が増加し、単身者や夫婦のみの世帯の転入が引き起こされたことによる（矢部2003）。これにより、家族構成や社会階層の面で多様な世帯が東京都心部に転入し、都心の居住地域構造に不均衡がもたらされた（宮澤・阿部2005）。こうして、東京都心部は、複雑な居住地構造を示すようになった。

　次に、居住ニーズの側面からマンション居住の進展過程を検討する。日本の住宅供給は、独立前の子をもつ核家族世帯を中心になされてきたため、その他の世帯への関心が薄かった。マンションは、それまでの日本の住宅市場でマージナルな存在とされてきた単身世帯や夫婦のみ世帯などが購入しやすい状況をつくりだしているため、ライフコースの多様化した現代で重要な居住形態となっている。維持管理を委託できることによる暮らしやすさ、防犯体制の強化による安心感、利便性の高い立地、戸建住宅と比較して安価で、設計や用地取得の面倒さが省けることなどが受け入れられる主な要因である（久保2008）。

　水戸市中心部における事例では（久保2008）、賃貸住宅の賃料が高価であることから賃貸住宅の代替的居住形態としてマンションを購入する世帯もみられ（図6-1）、マンションは戸建住宅や賃貸住宅の代替的な居住形態としても機能していた。居住選好の面では、水戸市中心部は、城下町として長い歴史をもち、教育環境や景観が整備されている（写真6-1）。地盤が強固であることは居住地として重要な要素である。また、水戸市は東京都に比較的近い

第 6 章　東京大都市圏における住宅取得行動の変化

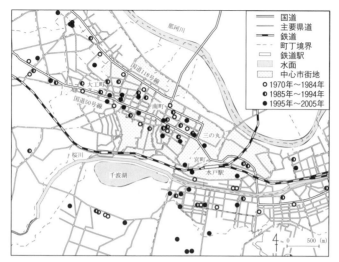

図 6-1　水戸市中心部における高層集合住宅の分布（2005 年）
（水戸市建築確認申請および現地調査により作成）。
出所：久保（2008）。

b）三の丸地区における超高層マンション

a）三の丸地区の景観

写真 6-1　水戸市中心部の三の丸地区におけるマンション景観（2005 年）
出所：2005 年筆者撮影。

ため、進学や就職により東京都への転出が起こりやすい。東京都心部などで集合住宅への居住経験や都市の利便性を享受した者が、出身地へと帰郷する際には、東京都へ容易に出かけられ、以前の生活圏との接触を容易に維持できることや、生活環境での利便性を求めるのは自然なことであろう（久保 2008）。

茨城県は、日立製作所や東海原子力発電所などの就業地を抱える県である。このようにして茨城県へ転入した他県出身の世帯が、水戸市で住宅購入する場合、水戸市中心部のもつ地域イメージや歴史ではなく、駅への近接性やマンション価格など、より実質的な部分から評価する傾向がある。これまでの仙台市などを事例にしたマンション研究において、利便性が最重要視され、都市中心部におけるマンション居住者はDINKs世帯やシングル世帯に偏る傾向が指摘されてきた（広瀬 2000）。しかし、水戸市においてはそのような世帯は過半数に満たず、より地域特性や家族・血縁関係などを重視する世帯が多い傾向がみられた。これは、水戸市の周辺市町村では、実家継承や本家・分家関係などが残っており、このような周辺市町村から就業地などを求めて転入した世帯が集まりやすい傾向があるためであると考えられる。

ベルによると、ライフステージの進行にともなう世帯のニーズの変容により、「家族（教育）重視」、「就業重視」、「利便性重視」、「コミュニティ重視」という四つの居住地選好のタイプがみられるという（Bell 1958）。水戸市中心部のマンション購入世帯に関しては、この四つのほかに、「居住形態への選好」と「水戸市中心部の評価」が重要であった。ライフコースが多様化している昨今では、一概にライフステージの進行にともない居住地選択のタイプが変化するとはいいがたい状況がみられる。しかし、こうした状況において、各世帯の全員にとっての幸福な住まいと、その親や子を含めた親族や友人との近接性やそれぞれのかかわりを最大限良好にしていける住宅の選択をしたいという世帯の欲求が、水戸市中心部でのマンション居住を支えていた。

以上のように、マンションは、初期こそ大都市の都心部を中心に供給がなされてきたが、近年では地方都市においても供給が増加し、永住形態としての役割を強めてきた。ライフコースや世帯の多様化、社会経済状況の変化、

さらには居住選好の変化が進むなかでマンション供給および需要に大きな変化がみられるようになり、1990年代以降はマンション供給にともなう大都市圏の居住地域構造の変容が顕著となってきた。以下では、東京都心部におけるマンション供給と居住選好の変化について検討する。

3　東京都心部におけるマンション供給

東京都心部においては、多様なマンション供給がなされてきたが、1990年代後半以降は、都心部でのコンパクトマンションの供給、湾岸部を中心に超高層マンションの供給などが顕著であった（久保・由井 2011）。東京都におけるマンション供給戸数は、バブル経済後の全域的な地価の下落にともなって1994年頃から増加し始め、1999年から2005年にかけて大幅に増加した。とくに、1980年代に地価の高騰が著しかった都心5区においては、マンションの供給戸数の増加が顕著である。同様にマンションの平均m^2単価は1998～2006年にかけて大幅に下落しており、1990年代前半までに東京特別区部で住宅取得が困難であった世帯も都心部での住宅取得が可能になったと考えられる。また、住宅取得者への税制優遇政策の実施や、住宅ローンの規制緩和による融資元の多様化によって、購入者にとっても住宅購入の際のハードルが下がり（中澤 2006）、持家取得が促された。

東京都心部でのマンション供給が増加し、都心居住が一般化するまでの過程には、マンション供給動向の変化が確認された。たとえば、主要なマンション供給会社であるメジャーセブン（住友不動産、大京、東急不動産、東京建物、野村不動産、三井不動産レジデンシャル、三菱地所レジデンス、藤和不動産）が2000年代に都心部において供給した物件を間取り別でみると、2002～04年頃までは1LDKの増加が著しい（図6-2）。一方で、2004年頃からは2LDKや3LDKが増加している。これは、前者がコンパクトマンション、後者がタワーマンションのブームと一致する。そこで、以下ではこれらの供給動向を整理する。

都心居住のアクターとして注目されたのは、単身女性であった。1990年

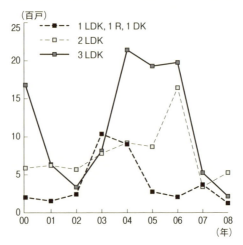

図 6-2　東京都心 5 区における主要な間取り別のメジャーセブンによる供給戸数の推移（2000〜08 年）

出所：久保（2014）。不動産経済研究所「全国マンション市場動向」により作成。

代後半には、単身女性の住宅ニーズに応えるかたちでコンパクトマンションの供給が増加した。コンパクトマンションは、ワンルームマンションと呼ばれる専有面積が 18〜20m² 程度のマンションや、60m² 以上のファミリー向けマンションとは異なり、専有面積が 30〜50m² 程度でキッチンや水回りなどを充実させ居住性を高めたマンションである（久保・由井 2011）。

当初は中小のマンション供給者がコンパクトマンションの販売を行っていたが、2000 年代に入ると大手供給者もコンパクトマンションの供給を開始した。彼らは、コンパクトマンションに特化したマンションブランドを設けて単身女性の住宅ニーズに合致した商品を販売していった。東京特別区部では、2000〜05 年にかけて男性女性ともに 30 歳〜44 歳の増加が著しかった。これらの年齢階級は、一般に住宅を購入する年齢にあたると考えられ、住宅購入の適齢期にある単独世帯の増加を背景に、これらの層にアピールできるマンションの供給が急務となったのである。

コンパクトマンションの購入年齢に関して、1998〜99 年に公表された民

間のマンション購入者に関するデータを分析したところ、単独世帯によるマンション購入は20歳代後半〜30歳代で顕著で、その大半を30歳代が占めることが明らかとなった（由井 2003）。さらに、メジャーセブンへのインタビュー調査においては、コンパクトマンションの購入者は男女ともに30歳代〜40歳代前半が最も多い傾向があることが確認されている。また、同じインタビュー調査から、コンパクトマンションを購入した単身女性は、年収が500〜700万円程度あり、購入資金の20％程度の貯蓄を有している傾向が明らかとなった。貯蓄の一部を住宅購入資金にあて住宅ローンの利用額を低く抑えるため、貯蓄額の多い30〜40歳代の女性にとってマンションを購入することは比較的容易であった。コンパクトマンションは、当初は単身女性の住宅ニーズに応えるものであったが、2005年頃から都心居住が普及してくるにつれて単身男性やDINKs世帯などもその対象となっていった（久保・由井 2011）。

　ファミリー向け物件の増加には、2004年頃から供給が増加した超高層マンション（25階以上の階層を有する区分所有住宅）の影響が大きい。これらの多くは、東京都区部で供給されており、多様な間取り、価格の住戸が含まれる（図6-3）。超高層マンションの供給が増加した背景には、都心居住志向の高まりに加えて、建築基準や都市計画に関する規制緩和、長期的な住宅ローン制度の充実など住宅制度上の影響が大きい。容積率緩和の動きは市街地整備や公共施設用地確保のために1960年代から確認された。1970年の総合設計制度により、敷地内に一定以上の空地を有する建築計画には容積率緩和が認められている。さらに、規制緩和の動きが加速する1990年代以降は超高層マンションの建設に不可欠な、容積率の緩和策が複数導入されるようになった。これらに容積移転策も加わり、都心部における超高層マンションの開発ラッシュが引き起こされたのである。また、隅田川沿いや駅周辺の再開発事業が行われた豊島区・品川区・大田区など、さらに中央区・港区・江東区などの東京湾岸地域などに、超高層マンションの供給が集中している地域を確認することができる（久保 2014）。

　江東区豊洲では、工業機能の移転（転出）によりまとまった土地を得るこ

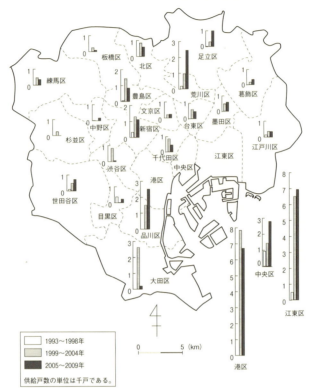

図 6-3 東京都区部における超高層マンションの供給戸数推移（1993〜2009 年）
出所：久保（2014）。不動産経済研究所「全国マンション市場動向」により作成。

とができたため、三井不動産がマンションと商業施設の一体開発を行ったことが超高層マンション・ブームのきっかけとなった（小泉ほか 2011；久保 2014）。販売価格は東京大都市圏の平均価格に近く、都心部にありながら比較的安価であった。これは、従前の土地利用が工業用地であり住宅地として良好な地域イメージを打ち出しにくい場所であることや、豊洲地区でのマンション供給の初期に分譲されたために販売予測がしにくかったことなどが影響したと考えられる。しかし、本物件の販売以降、豊洲地区におけるマンション販売価格は上昇した。

　超高層マンションには居住者用のジムやプール、高級感のあるエントラン

スなどの共用設備が設けられ、ステータスを高める工夫がなされている。また、近隣には公園が整備されており、子育て期にあるファミリー層のニーズを取り込む工夫がなされている。商業施設に近接していることなどもあり、工業用地であったというネガティブな地域イメージは完全に払拭されているといっても過言ではない。それらを反映して、江東区豊洲地区の超高層マンション居住者は、比較的高所得な世帯が多いものの、世帯構成や年代は多様であり、さらに東京都内からの転居者が多い傾向にあった（小泉ほか2011）。

4　大都市近郊におけるマンション供給と居住者の特性

　一方、大都市近郊においても、核家族世帯に向けたマンション供給が継続してきた（久保 2010）。現在では、世帯構成やライフスタイルの多様化が進み、また大都市圏において生まれ育った世代が住宅購入の年齢に達するようになったことにより、郊外化の時代のような等質的な住宅取得行動（いわゆる「住宅双六」）がみられなくなっている。特徴的であるのは、特定の住宅開発や地域に限定して探索する世帯が多いことである（図6-4）。
　1990年代後半以降は、地価が下落したために都心部においてマンション供給が増加し、郊外住宅地は相対的に魅力を失っていた。このようななかで、幕張ベイタウンは、東京大都市圏の新都心の一部として開発され、欧風景観・高度な都市インフラ・高所得者層の街という条件を有し、多くの若年世帯をひきつけた。また、公立小学校の教育カリキュラムや壁および塀のない校舎がメディアに取り上げられてきたこともあり、核家族世帯にとってはステータスの高い住宅地となっている。また、初期に入居した世帯は高所得者層であり、文化活動や教育に熱心に取り組み、地域のソフト面の充実などを居住者自身の手で行ってきた。街の景観やインフラ面の魅力以上に、居住者像や幕張ベイタウンでの生活への憧れが付加価値となっている。高いステータスのある地域というイメージが形成されたことによって、幕張ベイタウンに限定した探索行動などのスポット探索を行う世帯が多く集まった。
　幕張ベイタウン居住者は、親世帯が大都市圏郊外での住宅購入を経験して

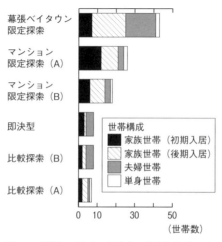

図 6-4　幕張ベイタウン居住者の意思決定パターン

注：マンション限定探索はマンションに限定して探索を行ったものを表す。(A) は、現住所の周辺のマンションで探索を行い、(B) は、特定の場所を東京大都市圏内で選定して探索を行った。
　　即決型は、たまたまモデルルームなどに立ち寄ったことがきっかけとなり、マンション購入を決意し住居の決定までを行った。
　　比較探索は、戸建住宅などの他の住居形態との比較を行って現住居を選択したもので、(A) および (B) は前述と同様である。
出所：久保 (2010)。インタビュー調査により作成。

いる郊外第二世代である世帯が多く、彼らの「根なし草」という意識が埋立地における新開発地への選好に少なからず影響を与えていた。居住者全員が「よそ者」であるからこそ、年齢や居住年数に関係なく、幕張ベイタウンでのコミュニティ活動や街づくりにかかわっていけるという意識がみられた（久保 2010）。

　また、幕張ベイタウン居住者の親世帯は、幕張ベイタウン内やその周辺に移り住む傾向があることが確認された。とくに、配偶者の両親との近居傾向が強く、これらの呼び寄せ移動が中古や賃貸マンションの需要の一部を支えている。親世帯は、通勤距離との関係から、居住経験や親族の居住していない地域での住宅購入を行ったため、住宅を購入した地域に居住するなかで形成された人間関係に対して愛着をもっているとしても、「土地」や「家屋」に対する愛着を強く有していたわけではなかった。そのため、前住地および

子の居住地に近接した地域への転居に対する抵抗が少なく、親族で幕張ベイタウン内に集住し拠点をつくっていた。郊外住宅地内での親族近居の傾向は、千里ニュータウンでも指摘されており、成熟期に入った郊外住宅地における新たな動きとしても注目されている（香川 2011）。

一方、戸建住宅を中心とする郊外住宅地居住者の将来的な居住に対する意向を扱った研究では、子のもとへ転居しての同居を希望する世帯よりも、住宅を増築するなどして子世帯を呼び寄せたいと希望する居住者が多いという傾向が示されている（中澤ほか 2008）。戸建住宅を主とする住宅地では、土地家屋を処分するためのコストがかかることや不動産の流通性が低いという点で、転居が相対的に困難であると思われる。幕張ベイタウン居住者の親世帯は、千葉市内の分譲マンションや分譲の公団住宅などからの転居者が多いこともあり、郊外の戸建住宅地区とは異なった傾向が確認された。

郊外化の過程では、郊外において戸建住宅を購入することは、高いステータスを有していた。しかし、バブル経済崩壊後の地価下落によって、都心中心部におけるマンション開発が進行し、通勤利便性が高くシンボル性の高い超高層マンションなどが増加した。このようななかで、ステータスの高い居住形態は、必ずしも郊外の戸建住宅ではなくなったと考えられる。

大都市近郊におけるバブル経済期以降の住宅開発地は、郊外に居住経験をもつ世帯の新たな受け皿として機能している。郊外に居住経験をもつ世帯がすべて郊外を志向するわけではないが、郊外で育った世帯が住宅を取得しようとする際に、親族と近接し、自身と似た価値観をもつ居住者が集まる地域を選好する傾向が確認できた。幕張新都心は、業務機能および居住機能において郊外における中心性を有しており、東京大都市圏における東郊の核であることが、地域としての魅力や競争力を高めていた。

5　居住地域構造の変化と今後の課題

日本の大都市は、程度の差こそあれ、郊外化から都心居住へという大きな居住地域構造の転換を経験してきた。こうしたなかで、とくに大都市圏にお

いて、既存の住宅制度では対応しきれない課題が顕在化するようになってきた（Hirayama and Ronald 2007）。たとえば、郊外住宅地では居住者の高齢化にともなう居住環境の悪化や、空き家の増加が問題化してきている（由井ほか 2014）。これは郊外だけの問題ではなく、現在の住宅制度が維持されるかぎり、将来的には都心マンションであっても同様の問題が起こりうると考えている。

　日本の住宅市場の特性や居住文化をふまえながら、都心・近郊・郊外における地理学的な住宅研究を蓄積し、さらに海外の先進事例との比較研究も取り入れながら、現代の都市居住地域構造の変容や目指すべき都市居住のあり方、居住問題の解決方法について議論するための道筋を提示することが都市地理学者の重要な課題であると考える。

付記
　本研究には、本書の大半の論考に共通する科学研究費補助金（基盤研究（A））のほかに、2009～2010年度・特別研究員奨励費「東京都心部におけるマンション供給にともなう都心空間の変容に関する地理学的研究」（課題番号：09J00338、研究代表者：久保倫子）、ならびに2011～2012年度・特別研究員奨励費「マンション供給にともなう都心空間の変容に関する国際比較研究」（課題番号 11J07412、研究代表者：久保倫子）の一部を使用した。

文献
香川貴志（2011）「少子高齢社会における親子近接別居への展望——千里ニュータウン南千里駅周辺を事例として」『人文地理』第63巻3号、209-228頁。
影山穂波（2004）『都市空間とジェンダー』古今書院。
川口太郎（1997）「郊外世帯の住居移動に関する分析——埼玉県川越市における事例」『地理学評論』第70A巻2号、108-118頁。
久保倫子（2008）「水戸市中心部におけるマンション購入世帯の現住地選択に関する意思決定過程」『地理学評論』第81巻2号、45-59頁。
———（2010）「幕張ベイタウンにおけるマンション購入世帯の現住地選択に関する意思決定過程」『人文地理』第62巻1号、1-19頁。
———（2014）「東京湾岸地域のタワーマンションの隆盛と住民のくらし」『地理』第59巻4号、23-31頁。
久保倫子・由井義通（2011）「東京都心部におけるマンション供給の多様化——コンパクトマンションの供給戦略に着目して」『地理学評論』第84A巻5号、460-472頁。
小泉諒・西山弘泰・久保倫子・久木元美琴・川口太郎（2011）「東京都心湾岸部における住宅取得の新たな展開——江東区豊洲地区の超高層マンションを事例として」『地理

学評論』第 84A 巻 6 号、592-609 頁。
谷謙二（1997）「大都市圏郊外住民の居住経歴に関する分析――高蔵寺ニュータウン戸建住宅居住者の事例」『地理学評論』第 70A 巻 5 号、263-286 頁。
富田和暁（1996）「3 大都市圏の中心市内部における機能的変容」『人文研究』第 48 巻 3 号、1-33 頁。
―――（2004）「大都市都心地区における最近の人口増加動向」『人文研究』第 55 巻 3 号、113-140 頁。
平山洋介（2009）『住宅政策のどこが問題か――〈持家社会〉の次を展望する』光文社。
広瀬智範（2000）「マンション開発に伴う仙台旧市街地の地域変貌――青葉区五橋二丁目地区を例に」『季刊地理学』第 52 巻 2 号、118-130 頁。
中澤高志（2006）「住宅政策改革と大都市圏居住の変容に関する予察――東京大都市圏を中心に」『経済地理学年報』第 52 巻 1 号、1-18 頁。
中澤高志・佐藤英人・川口太郎（2008）「世代交代に伴う東京圏郊外住宅地の変容――第一世代の高齢化と第二世代の動向」『人文地理』第 60 巻 2 号、144-162 頁。
不動産経済研究所（2002）『全国マンション市場動向 2001 年実績・展望』不動産経済研究所。
松原宏（1982）「大手不動産資本による大規模住宅地開発の地域的展開」『経済地理学年報』第 28 巻 4 号、279-295 頁。
―――（1985）「大手不動産資本によるマンションの地域的展開」『経済地理学年報』第 31 巻 2 号、81-97 頁。
宮澤仁・阿部隆（2005）「1990 年代後半の東京都心部における人口回復と住民構成の変化――国勢調査小地域集計結果の分析から」『地理学評論』第 78 巻 13 号、893-912 頁。
矢部直人（2003）「1990 年代後半の東京都心における人口回帰現象――港区における住民アンケート調査の分析を中心にして」『人文地理』第 55 巻 3 号、277-292 頁。
由井義通（2003）「大都市におけるシングル女性のマンション購入とその背景――『女性のための住宅情報』の分析から」『季刊地理学』第 55 巻 3 号、143-161 頁。
由井義通・杉谷真理子・久保倫子（2014）「地方都市の郊外住宅団地における空き家の発生――呉市昭和地区の事例」『都市地理学』第 9 号、69-77 頁。
Bell, Wendell (1958) "Social Choice, Life Styles and Suburban Residence", in William M. Dobriner ed., *The Suburban Community*, Putman.
Hirayama, Yosuke and Richard Ronald (2007) *Housing and Social Transition in Japan*, Routledge.
Ronald, Richard (2008) *The Ideology of Home Ownership : Homeowner Societies and the Role of Housing*, Palgrave Macmillan.
Van Vliet, William and Yosuke Hirayama (1994) "Housing conditions and affordability in Japan", *Housing Studies*, Vol.9, Issue.3, pp.351-368.

（久保倫子）

第7章
京阪神大都市圏郊外における
中心都市への通勤者数減少について
奈良県生駒市を中心に

1 大都市圏の構造と通勤流動

郊外における通勤流動

　戦後の高度経済成長期を中心に、日本の大都市圏では人口の郊外化が進行した。郊外に住宅を求めた世帯の男性（世帯主）は、中心都市での就業を継続したため、郊外から中心都市への通勤が大規模に発生した。これとともに女性（配偶者）が専業主婦化したため、「男性＝中心都市（職場）、女性＝郊外（自宅）」という構図が明瞭になっていった。

　その後1970年代後半から1980年代にかけて、郊外から中心都市への通勤率が低下し始めた（藤井 1985）。こうした現象は、就業機能の集積する中心都市とそこに依存する郊外という大都市圏の基本構造が変化してきたことを意味する（石川 2008；富田 1995；藤井 1990）。ただし、郊外の就業機能は、中高年女性のパートタイム就業によって担われる部分が大きく（川口 1992；谷 1998）、都心に類似した雇用の成長はあまりみられなかった。

　1990年代に入っても、郊外から中心都市への通勤率は停滞ないしは低下傾向が続いたが、この時期の低下要因は異なる。1960年代から1970年代にかけて郊外へ居住地移動した人々は郊外第一世代と呼ばれるが、この世代による大量の郊外移動を反映して、その子供世代も郊外において人口規模が大

図 7-1 対象地域

注：鉄道路線は、近鉄のみ表示。鉄道駅名は、新規開発マンション調査を実施した鉄道駅のみ表示。

きくなった。郊外第二世代と呼ばれるこの人々が労働市場に参入し始めたのは、雇用の流動化が進んだ 1990 年代であった。そのため、郊外第二世代が、自宅（親元）近隣で非正規雇用（アルバイト）として新規就業するようになったことが、中心都市への通勤率低下の一因となった（稲垣 2011）。

現在、郊外第二世代はすでに 30～40 歳代に達しており、非正規労働市場の中心にはいない。そのため、現在においては、通勤流動の変化に対して、郊外第二世代の非正規雇用化の観点から説明するだけでは不十分である。以下では、奈良県北西部の生駒市（図 7-1）の例を中心に、近年の郊外から中心都市への通勤流動の変化、その変化要因について明らかにする。

郊外としての奈良県生駒市

表 7-1 は、1970 年以降の生駒市における人口推移を示したものである。生駒市では、1970 年代から 1980 年代に大幅な人口増加を示した。この時期は、全国的に人口の郊外化が進んだ時期であり、生駒市においても、大阪（難波）まで 30 分もかからない便利な地域ということで住宅地開発が活発化し

第7章　京阪神大都市圏郊外における中心都市への通勤者数減少について

表 7-1　生駒市の人口推移

	人口	増加率（%）
1970 年	35,550	
1975 年	48,848	37.4
1980 年	70,461	44.2
1985 年	86,293	22.5
1990 年	99,604	15.4
1995 年	106,726	7.2
2000 年	112,830	5.7
2005 年	113,686	0.8
2010 年	118,113	3.9

注：増加率は対5年前比。
出所：国勢調査（稲垣 2014 による）。

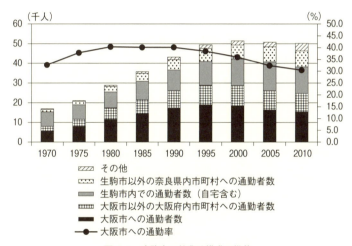

図 7-2　生駒市の就業地構成の推移

出所：国勢調査（稲垣 2014 による）。

た。1990 年代に入ってからは、緩やかな増加にとどまっている。

　図 7-2 は、生駒市における就業地構成の推移を示したものである。1970 年代には、大阪市への通勤率（生駒市の常住就業者数に占める大阪市への通勤者数の割合）が大幅に上昇している。大阪市内に職場のあった人々の多く（とくに世帯主の男性）が、生駒市内に住宅取得後も職場を変えることが少なかったことが背景にある。

1980年代から1990年代前半には、大阪市への通勤率が上昇から横ばいへとシフトした。これは、大阪市以外の大阪府内市町村や奈良県内など、郊外内部への通勤者が大幅に増加したためである。先述のように、この時期の郊外内部への通勤者増加は、中高年女性（郊外第一世代）によるパートタイムや、若年者（郊外第二世代）のアルバイトによる部分が大きかったと推察される。一方で、大阪市への通勤者数自体は増加し続けていることから、1970年代に引き続き、大阪市のベッドタウンとしての性格も維持していたと考えられる。

　1995年以降は、大阪市への通勤率が低下するだけでなく、大阪市への通勤者数自体も減少を示すようになっている。1980年代から1990年代前半における大阪市への通勤率の低下は、郊外内部への通勤者の増加で説明することができたが、大阪市への通勤者数自体が減少する要因を他の通勤先に求めることはできない。そのため、以下では、大阪市への通勤者数が減少するに至った要因を、性別・年齢階級別の観点から検討する。

年齢階級別にみた男性の就業地変化

　ここで用いるデータは、国勢調査である。人口の郊外化が顕著であった1970年代も対象とすることが望ましいが、統計データの制約上、性別・年齢階級別の就業地変化を示すことができない。そこで、1980～90年、1990～2000年、2000～10年を分析対象とする。1980～90年は、人口増加や大阪市への通勤率のピークは過ぎているものの、依然として二桁の人口増加を示し（表7-1）、大阪市への通勤者数も増加していた時期である（図7-2）。そのため、1980～90年を人口が郊外化した時期とみなすこととする。

　なお、期首と期末の同一年齢階級を比較するのではなく、同一コーホートを比較する。コーホートとは、同じ時期に同じライフイベントを経験した集団を指す用語であり、一般的には出生時期が同じ集団を意味する。以下の表記では、1980年の「15歳から24歳」と1990年の「25歳から34歳」を比較した場合に「1980～90年の15～24→25～34歳」と記す。また、それぞれの期間の「5～14→15～24歳」は、期首年次には非就業者（児童・生徒）で

第 7 章　京阪神大都市圏郊外における中心都市への通勤者数減少について

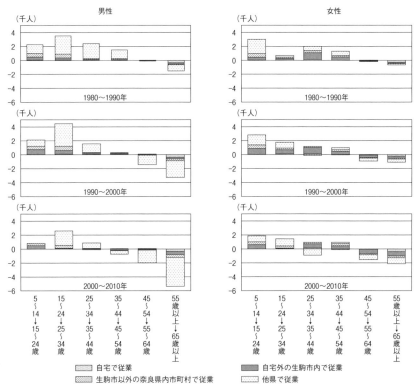

図 7-3　生駒市における性別・コーホート別の就業地変化（国勢調査）
出所：国勢調査（稲垣 2014 による）。

あり、期末年次までに生産年齢人口に達した人々である。生駒市における「他県」への通勤者の大半は大阪府への通勤者であることから、以下では「他県」を大都市圏中心部とみなして考える。

　まず男性から検討する（図7-3）。第二次ベビーブーム世代（1970年代前半生まれ）が含まれる 1980～90 年の 5～14→15～24 歳や、人口規模が縮小したものの親世代に郊外第一世代を含む 1990～2000 年の 5～14→15～24 歳においては、新規就業者数が多い。しかし、その後の世代である 2000～10 年の 5～14→15～24 歳では、少子化の影響もあり新規就業者数が大幅に減少している。このうち、他県への通勤者数は半減している。非正規雇用化にとも

ない、自宅近隣で就業する若年者が増加したことが背景にあると考えられる。

1980～90年の特徴は、15～24→25～34歳、25～34→35～44歳、35～44→45～54歳といった住宅取得層と考えられる年齢階級において就業者の増加が大きいことであり、とりわけ他県への通勤者数が増加している。大阪府で就業する男性が生駒市で住宅取得後も大阪府で就業を継続していたことが推察される。しかし、1990～2000年、2000～10年になると、15～24→25～34歳は他県への通勤者数の増加を維持する一方で、25～34→35～44歳、35～44→45～54歳における他県への通勤者数の増加は大幅な縮小、ないしは減少へと転じている。これは、住宅取得層の中心が、第一次ベビーブーム（1940年代後半生まれ）以降の人口規模の小さい世代にシフトしたことにともない、人口の郊外化が弱まってきたことを反映したものと考えられる。

また、1990～2000年、2000～10年になると、45～54→55～64歳、55歳以上→65歳以上においては、大幅な就業者数の減少を示すようになる。とりわけ他県への通勤者数の減少が著しい。45～54→55～64歳、55歳以上→65歳以上には、期首年から期末年にかけて定年退職を迎えた人々も含まれており、期首年に他県への通勤率が高かったという当該コーホートの就業地構成が、期首年から期末年にかけての就業者数の変化に反映された部分が大きいと考えられる。1990～2000年、2000～10年に45～54→55～64歳、55歳以上→65歳以上であった人々は、人口の郊外化を牽引した郊外第一世代に相当する。郊外において集積規模の大きい同世代の退職が及ぼす影響はきわめて大きいといえる。

年齢階級別にみた女性の就業地変化

女性においても、2000～10年に新規就業者数（5～14→15～24歳）が減少しており、少子化の影響が見て取れる。他県への通勤者数が大幅に減少している点も男性と同様であり、非正規雇用化が進んだことを示唆している。

これ以外のコーホートをみると、1980～90年には、結婚などにともなう離職とその後の再就職を示すと考えられる、15～24→25～34歳における就業者増加の縮小と25～34→35～44歳における生駒市内での就業者増加の拡

第7章　京阪神大都市圏郊外における中心都市への通勤者数減少について

大がみられる。しかし、1990～2000年、2000～10年においては、15～24→25～34歳の就業者増加が拡大し、とりわけ他県への通勤者数の増加が目立つ。これには、初職時年齢の上昇や、生駒市に居住地移動してきた既婚女性が就業を継続している可能性が挙げられる。ただし、15～24→25～34歳女性における他県への通勤者数の増加は、男性退職層を中心とする他県への通勤者数の大幅な減少を相殺するほどの量ではない。

　女性においても、退職時期に相当する45～54→55～64歳、55歳以上→65歳以上の就業者減少が顕著であるが、50歳代での就業率が低いため、男性に比べれば就業者の減少の規模は小さい。また男性のように他県への通勤者数の減少に特化するのではなく、生駒市内での通勤者数の減少が特徴的である。

2　郊外居住者の通勤行動

アンケート調査の概要

　ここでは、筆者が生駒市（一部奈良市を含む）において実施したアンケート調査の結果をもとに、郊外居住者の通勤行動の変化を明らかにする。この調査は、1970年代に入居が開始された住宅地、1990年代後半以降に入居が開始された住宅地および分譲マンションの住民を対象としたものである。以下、それぞれの調査を、「1970年代開発住宅地調査」、「新規開発住宅地調査」、「新規開発マンション調査」と呼ぶ。また、新規開発住宅地調査と新規開発マンション調査にまとめて言及する際は、これらを「新規開発2調査」と呼ぶ。

　調査は、生駒市内の住宅地、および近鉄奈良線の生駒駅、東生駒駅、富雄駅、菖蒲池駅、けいはんな線の白庭台駅から徒歩10分（800m）圏内に位置する分譲マンションを対象とした。新規開発マンション調査とは対照的に、1970年代開発住宅地調査と新規開発住宅地調査の対象地域には鉄道駅から遠距離にある住宅地も多く、それらの住宅地から大阪都心に向かうにはバス等の公共交通機関で最寄りの鉄道駅まで出る必要がある。

表 7-2 男性回答者の入居直後の就業地構成

	大阪市	大阪府他市町村	生駒市・奈良市	奈良県他市町村	京阪神圏その他	他大都市圏	地方圏
1970年代開発住宅地	297(58.7)	111(21.9)	71(14.0)	8(1.6)	11(2.2)	5(1.0)	3(0.6)
新規開発住宅地	171(49.6)	86(24.9)	54(15.7)	17(4.9)	6(1.7)	10(2.9)	1(0.3)
新規開発マンション	176(46.1)	81(21.2)	79(20.7)	27(7.1)	11(2.9)	7(1.8)	1(0.3)

注:括弧内は%。
出所:アンケート調査(稲垣 2014 による)。

1970年代開発住宅地調査と新規開発住宅地調査は2012年10月に、新規開発マンション調査は2012年11月に実施した。1970年代開発住宅地調査から男性548人、女性546人、新規開発住宅地調査から男性360人、女性403人、新規開発マンション調査から男性394人、女性442人の有効回答が得られた。今回のアンケート調査は、既婚者が多いと考えられる戸建住宅や分譲マンションを対象としているため、回答者の大半は既婚であった。

男性の通勤行動の変化

1970年代と1990年代後半以降の郊外居住男性における入居直後の通勤行動を比較する(表7-2)。まず、1970年代開発住宅地調査においては大阪市への通勤率が58.7%で、新規開発2調査に比べて高い。1節の国勢調査をもとにした分析では、奈良県外の就業地を「他県」として一括していたためにその内実は明らかにできなかったが、人口の郊外化時代に生駒市に流入してきた男性は、とくに大阪市への通勤者が多かったと考えることができる。一方、新規開発2調査においては、生駒市・奈良市、奈良県他市町村などへの通勤率が高い。

1970年代開発住宅地調査には、最寄り駅までの距離が大きい住宅地が対象に含まれているにもかかわらず、1970年代開発住宅地調査における大阪市への通勤率は、新規開発マンション調査よりも高い。人口の郊外化時代における中心都市への通勤者のなかには、多少の不便さはあっても生活環境のよい郊外住宅地を求める人々がいかに多かったかがうかがい知れる。

一方で、1970年代開発住宅地調査と比べて大阪市への通勤率が低いとは

いえ、新規開発2調査の男性における大阪市への通勤率は、生駒市全体の大阪市への通勤率（図7-2）に比べて高く、1990年代後半以降の住宅取得層が多くの中心都市への通勤者によって構成されているのも事実である。では、1990年代後半以降の住宅取得層が大阪市への高い通勤率をある程度維持している要因とはいかなるものであろうか。

　1節で検討したように、1980～90年と1990～2000年には、新規就業者に相当する5～14→15～24歳の就業者は多く、しかも他県への通勤者の割合が高かった（図7-3）。新規開発2調査の回答者の多くが、この時期の新規就業者に相当する。すなわち、新規就業時に大阪市への通勤率の高かった郊外第二世代が、職場は変えずに郊外内部で住宅（戸建住宅、分譲マンション）を取得したことにより、郊外から大阪市への通勤率が高く維持されたと解釈される。

女性の通勤行動の変化

　女性は就業形態が多様なため、就業形態別に通勤行動を検討する。入居直後の通勤先を就業形態別にみると（表7-3）、全調査に共通するのは、正規雇用において大阪市への通勤率が高く、非正規雇用や「その他」（主に自営業）において生駒市・奈良市など居住地近隣で就業する者の割合が高いという点である。ここで注目したいのは正規雇用の動向であり、とくに新規開発マンション調査の正規雇用女性において大阪市への通勤率が49.1%と非常に高い。これは、新規開発2調査間で大阪市への通勤率にさほど差異がなかった男性（表7-2）とは対照的な結果である。伊藤修一によると、1940年代から1950年代の出生者を中心とする戸建住宅世帯の例ではあるが、住宅取得後も妻が就業を継続する世帯では、妻の就業先を考慮して居住地選択を行うことが多い（伊藤 2001）。この知見から判断すると、新規開発マンション調査の対象となった鉄道駅周辺の分譲マンションには、妻の大阪市への通勤利便性を考慮して居住地を選択した世帯が存在するのかもしれない。

　以上から、現在の郊外においては、戸建住宅に人口の郊外化時代と類似した通勤行動を行う女性が多く、分譲マンションに就業を継続し中心都市へ通

表 7-3 女性回答者の入居直後の就業地構成

1970 年代開発住宅地調査

	大阪市	大阪府他市町村	生駒市・奈良市	奈良県他市町村	京阪神圏その他	その他
全体	49(29.5)	33(19.9)	75(45.2)	5(3.0)	4(2.4)	0(0.0)
正規雇用	29(41.1)	28(40.0)	9(12.9)	1(1.4)	3(4.3)	0(0.0)
非正規雇用	15(26.3)	3(5.3)	36(63.2)	2(3.5)	1(1.8)	0(0.0)
その他	5(12.8)	2(5.1)	30(76.9)	2(5.1)	0(0.0)	0(0.0)

新規開発住宅地調査

	大阪市	大阪府他市町村	生駒市・奈良市	奈良県他市町村	京阪神圏その他	その他
全体	44(28.2)	35(22.4)	66(42.3)	7(4.5)	4(2.6)	0(0.0)
正規雇用	30(34.1)	29(33.0)	22(25.0)	5(5.7)	2(2.3)	0(0.0)
非正規雇用	14(24.1)	5(8.6)	36(62.1)	1(1.7)	2(3.4)	0(0.0)
その他	0(0.0)	1(10.0)	8(80.0)	1(10.0)	0(0.0)	0(0.0)

新規開発マンション調査

	大阪市	大阪府他市町村	生駒市・奈良市	奈良県他市町村	京阪神圏その他	その他
全体	106(42.2)	37(14.7)	90(35.9)	12(4.8)	5(2.0)	1(0.4)
正規雇用	82(49.1)	26(15.6)	46(27.5)	7(4.2)	5(3.0)	1(0.6)
非正規雇用	23(31.1)	9(12.2)	39(52.7)	3(4.1)	0(0.0)	0(0.0)
その他	1(10.0)	2(20.0)	5(50.0)	2(20.0)	0(0.0)	0(0.0)

注：非正規雇用には、パート、アルバイトのほか派遣や嘱託なども含まれる。括弧内は%。
出所：アンケート調査（稲垣 2014 による）。

勤する女性が多いというように、居住形態による通勤行動の差異が存在することが明らかである。

郊外第一世代の男性の入居直後と現在の通勤行動

表 7-4 は、1970 年代開発住宅地調査の男性の就業地構成の変化を示したものである。入居直後は、大阪市への通勤率の高い正規雇用者が就業者の大半であったために、男性全体の大阪市への通勤率も 58.7% と高かった。しかし、正規雇用者の大半が退職したことにより、現在の大阪市への通勤率は 29.9% と大幅に低下している。1 節では、45〜54→55〜64 歳、55 歳以上→65

第 7 章　京阪神大都市圏郊外における中心都市への通勤者数減少について

表 7-4　1970 年代開発住宅地調査の男性回答者における就業形態別の就業地構成

入居直後

	大阪市	大阪府他市町村	生駒市・奈良市	奈良県他市町村	京阪神圏その他	その他
全体	297(58.7)	111(21.9)	71(14.0)	8(1.6)	11(2.2)	8(1.6)
正規雇用	288(66.4)	105(24.2)	15(3.5)	7(1.6)	11(2.5)	8(1.9)
非正規雇用	3(50.0)	1(16.7)	2(33.3)	0(0.0)	0(0.0)	0(0.0)
その他	6(9.1)	5(7.6)	54(81.8)	1(1.5)	0(0.0)	0(0.0)

現在

	大阪市	大阪府他市町村	生駒市・奈良市	奈良県他市町村	京阪神圏その他	その他
全体	47(29.9)	31(19.7)	67(42.7)	1(0.6)	9(5.7)	2(1.2)
正規雇用	19(46.3)	10(24.4)	7(17.1)	1(2.4)	3(7.3)	1(2.4)
非正規雇用	23(44.2)	15(28.8)	8(15.4)	0(0.0)	5(9.6)	1(1.9)
その他	5(7.8)	6(9.4)	52(81.3)	0(0.0)	1(1.6)	0(0.0)

注：非正規雇用には、パート、アルバイトのほか派遣や嘱託なども含まれる。括弧内は％。
出所：アンケート調査（稲垣 2014 による）。

歳以上の男性コーホートにおける他県への通勤者数が、1990 年代以降に大幅に減少したことを示した。ここでの結果にもとづくと、とくに大阪市への通勤者が定年退職を迎えたことによって他県への通勤者が大幅に減少したと考えることができる。

　続いて、非正規雇用に着目する。現在の男性非正規雇用者の通勤先は、入居直後の女性の非正規雇用（表 7-3）とは異なる。女性の非正規雇用の場合、生駒市・奈良市といった自宅近隣で就業する者がいずれの調査でも過半数であったが、1970 年代開発住宅地調査の男性の場合は、現在における生駒市・奈良市への通勤率はわずか 15.4％ であり、大阪市への通勤率が 44.2％ と高い。これは、定年退職後も嘱託などとして再雇用される場合、それまでと同じ職場に勤務することが一般的であるためであろう。

　「その他」をみると、入居直後と現在において、就業者数にも就業地構成にも大きな変化はなく、生駒市・奈良市で就業する割合が高い。「その他」の多くが自営業であることが関係していると考えられる。正規雇用であった人々が定年により退職していく一方で、定年のない自営業者が就業を継続す

るため、現在の就業形態をみると、「その他」が最大となっている（正規雇用 41 人、非正規雇用 52 人、「その他」64 人）。

3　中心都市への通勤者数減少の要因

郊外第一世代の退職

　ここまでの分析結果にもとづいて、大都市圏の郊外から中心都市への通勤者数が減少するようになった要因を考察する。

　まず郊外第一世代の動向について、郊外住宅地に流入してきた直後、男性の大半が正規雇用者であり、その中心都市への通勤率が高かったという結果（表 7-4）は、既存研究の成果（谷 1998）と符合する。その郊外第一世代が退職することにより、現在では中心都市への通勤者数が大幅に減少している。一方、60 歳以降に非正規雇用として就業を開始する者も少なからず存在している。その大半は、退職前の職場で再雇用される嘱託であると考えられ、中心都市への通勤率は比較的高い（表 7-4）。しかし、再雇用によって発生する中心都市への通勤は、正規雇用者の退職による中心都市への通勤者数の減少に比べればわずかである。また、自営業者の多くは 60 歳以降も就業を継続するものの、もともとその実数自体が正規雇用者に比べて少ないし、自宅近隣での就業が中心のため、中心都市への通勤者数の増減にさほど影響しない。結果として、中心都市への通勤に特化していた正規雇用者の退職が、中心都市への通勤者数の減少に与えるインパクトは非常に大きかったといえる。

郊外第二世代の住宅取得と通勤

　郊外第二世代のうち、新規就業時に郊外から中心都市への通勤を開始した人々の多くは、その後、中心都市の職場を変えずに郊外内部で住宅を取得した。こうした郊外第二世代の行動が一因となって、現在の住宅取得層においても中心都市への通勤率が比較的高く維持されたと考えられる。

　しかし、その中心都市への通勤率は、高いとはいえ郊外第一世代のそれに比べれば低く（表 7-2）、その絶対数も減少している。この要因の一つとして、

雇用の郊外化にともない、郊外第二世代において郊外内部を通勤先とする人々の割合が高まっていることが挙げられる。また、郊外第一世代とは違って、通勤先よりも新規就業時の住居（親元）が先に決まっている郊外第二世代にとっては、中心都市への通勤が必然的なものになるとはいえない（渡辺 1978）。こうした郊外第二世代の動向に加え、これまで郊外における住宅取得の牽引役であった地方圏出身者の割合が低下していることも、郊外から中心都市への通勤者数が減少する方向に作用している。

女性の通勤行動の変化

現在においては、従来のように戸建住宅の取得だけでなく、分譲マンションの取得も選択肢である。女性の通勤パターンの変化には、こうした分譲マンションの存在が大きな役割を果たしてきたと考えられる。郊外の鉄道駅周辺の分譲マンションに居住する女性には、住宅取得後も正規雇用としての就業を継続して中心都市へ通勤する人が多い（表7-3）。それは、出産、育児のために離職するという従来の就業パターンにあてはまらない女性の通勤行動を可能にする居住形態といえるのかもしれない。

ここでの結果のみならず、就業を継続する既婚女性の割合の上昇は、統計からも推察できる。専業主婦化が顕著であるがゆえに女性労働力率が低くなる傾向にあった郊外でも、近年の上昇は著しく、奈良県における25～49歳既婚女性の労働力率をみると、1990年42.8%、1995年43.7%、2000年45.0%、2005年50.1%、2010年52.3%であり、伸び率は全国（1990年55.9%から2010年60.1%へと4.2ポイント上昇）よりも大きい。これまで自宅近隣で再就職することの多かった既婚女性は、郊外内部への通勤者数を増加させる存在として理解されてきたが、近年では、中心都市への通勤者数を増加させる要素としての性格が加わりつつある。しかし、その規模は、郊外第一世代の退職にともなう中心都市への通勤者数減少を相殺しうるほど大きくはない。

若年者の新規就業

最後に、若年者の新規就業について述べる。1980年代から1990年代にか

けての時期は、郊外第二世代が新規就業を開始する時期にあたっており、その人口規模の大きさゆえに通勤流動に及ぼす影響も大きかった。しかし、少子化により人口規模の縮小した世代が労働市場へ参入するようになった現在、新規就業者数も大幅に減少している（図7-3）。

しかも、近年の若年者の就業は、非正規雇用化によって特徴づけられる。若年者の非正規雇用者割合は、近年上昇傾向にある（稲垣 2011）。一般に非正規雇用者は、正規雇用者よりも自宅近隣で就業することが多く（稲垣 2011）、非正規雇用化が進展するにつれて、郊外から中心都市への通勤率も低下してきた。このように、少子化、非正規雇用化という社会の趨勢が、中心都市へ通勤する若年者の減少をもたらしている。

郊外第一世代と現在の郊外

以上から、中心都市への通勤者数の減少に対し、近年の新規就業者や住宅取得層の動向が一定の寄与をしたことは確かである。しかし、中心都市への通勤者数がもともと多かった郊外第一世代の退職は、新規就業者や住宅取得層以上に中心都市への通勤者数の減少に大きく寄与した。既婚女性においては、就業継続にともない中心都市への通勤者数は増加したものの、ほかの属性による中心都市への通勤者数の減少を相殺するほどの増加数ではない。結果として、郊外第一世代の退職を中心とする中心都市への通勤者数の減少が、通勤流動からみた現在の大都市圏郊外のトレンドであると結論づけられる。

郊外第一世代は、その人口規模の大きさゆえに、高度経済成長期における地方から大都市圏への人口移動、中心都市から郊外への居住地移動、そして1970年代後半以降の郊外におけるパートタイム就業女性の増加など、戦後に起きた主要な人口動向を牽引した（伊藤 1984；谷 1998）。本章で明らかにしてきたように、新規就業者や住宅取得層において中心都市への通勤者数の増加が縮小したこと以上に、郊外第一世代の退職が郊外から中心都市への通勤者数の変化に大きく寄与したという事実は、郊外第一世代が現在の郊外の変容をも牽引し続けていることを意味するのである。

第 7 章　京阪神大都市圏郊外における中心都市への通勤者数減少について

付記
　本研究には、本書の大半の論考に共通する科学研究費補助金（基盤研究（A））のほかに、2012〜2014 年度科学研究費基金（若手研究（B））「都市縮小時代における郊外居住と通勤流動に関する研究」（課題番号：24720386、研究代表者：稲垣稜）を一部で使用した。

文献
石川雄一（2008）『郊外からみた都市圏空間——郊外化・多核化のゆくえ』海青社。
伊藤修一（2001）「千葉ニュータウン戸建住宅居住世帯の居住地選択——夫と妻の意思決定過程への関わり方を中心として」『地理学評論』第 74A 巻 10 号、585-598 頁。
伊藤達也（1984）「年齢構造の変化と家族制度からみた戦後の人口移動の推移」『人口問題研究』第 172 号、24-38 頁。
稲垣稜（2011）『郊外世代と大都市圏』ナカニシヤ出版。
―――（2014）「大都市圏郊外における中心都市への通勤者数減少の要因に関する考察——1990 年代後半以降の奈良県生駒市を中心に」『地理学評論』第 87A 巻 1 号、17-37 頁。
川口太郎（1992）「郊外地域における生活行動圏に関する考察」『地域学研究』第 5 号、83-99 頁。
谷謙二（1998）「コーホート規模と女性就業から見た日本の大都市圏における通勤流動の変化」『人文地理』第 50 巻 3 号、1-21 頁。
富田和暁（1995）『大都市圏の構造的変容』古今書院。
藤井正（1985）「大都市圏における中心都市通勤率の低下現象の検討——日常生活圏の変化との関連において」『人文』（京都大学教養部）第 31 号、124-154 頁。
―――（1990）「大都市圏における地域構造研究の展望」『人文地理』第 42 巻 6 号、522-544 頁。
渡辺良雄（1978）「最近の東京の膨張と都市問題への 1・2 の視点（第 1 部）」『総合都市研究』第 3 号、49-69 頁。

（稲垣　稜）

第 8 章
ポスト成長社会における
名古屋大都市圏郊外の居住地選好

1　名古屋大都市圏の人口変動

高度経済成長と名古屋大都市圏の郊外化

　高度経済成長期、大都市への人口集中が進むなか、三大都市圏では大量の住宅需要に対応するため、千里や多摩などの郊外においてニュータウンが建設された。名古屋大都市圏では、名古屋の北東に位置する愛知県春日井市の丘陵地がその候補地として選定され、1960年に設立された日本住宅公団により高蔵寺ニュータウンの建設が始まった。これに追随し、近隣の瀬戸市や小牧市においても、愛知県などが事業主体となって菱野団地や桃花台などの大規模住宅団地の開発が進められた。その後も、旧国鉄中央線の複線電化ともあいまって都市圏はより郊外へと拡大していった。

　名古屋市の都市発展の方向としては、西方は木曽三川下流部の低湿地帯が広がるといった地形的な要因もあって、中央線沿線地域や名古屋東部丘陵など、市街地の北東部から南東部にかけて拡大した。その一方で、名古屋市の中区、中村区、西区などの都心区では1960年代から70年代にかけて人口減少が進み、いわゆるドーナツ化現象が進行した。

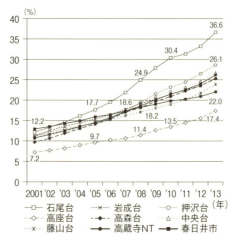

図 8-1　高蔵寺ニュータウンの地区別高齢人口率の推移
出所：住民基本台帳により作成。

高蔵寺ニュータウンの少子高齢化

　このように、名古屋大都市圏での郊外住宅開発の先駆けとなった高蔵寺ニュータウンではあるが、1995年の5万2215人をピークに人口減少に転じ、2013年4月1日現在4万5413人となっている。とくに藤山台など入居開始時期が早かった地区では人口減少が著しく、2001年から2013年のあいだに10%以上の大幅な減少率を示している。この間、名古屋大都市圏では、中心都市名古屋と郊外丘陵地に開発されたニュータウンとのあいだを空間的に埋めるように市街地が拡大していった。そして、入居が開始されてちょうど40年が経過した2008年、高蔵寺ニュータウンの高齢化率は18.6%となり、春日井市平均を上回ることとなった（図8-1）。その後も人口の高齢化は進み、2013年には26.1%となり、4人に1人が65歳以上の地域となっている。

　進行しているのは高齢化ばかりではない。少子化も進んでおり、1985年をピークに15歳未満の年少人口率は低下し、2013年には12.2%となり、市全体の14.9%を下回っている。この年少人口率の低下にともないニュータウン内の児童数は減少し、小学校の統廃合や空き教室の活用が課題となって

第8章 ポスト成長社会における名古屋大都市圏郊外の居住地選好

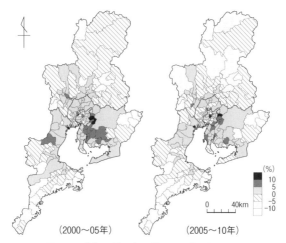

図8-2 東海3県の市町村別人口増減率の変化
出所：国勢調査により作成。

いる。
　このような少子高齢化の進行は、同じ高蔵寺ニュータウン内でも戸建住宅と集合住宅の占める割合によって差がみられる（図8-1）。戸建住宅の占める割合の大きい石尾台は少子高齢化が最も進んでおり、逆に集合住宅の占める割合の大きい高座台では少子高齢化の速度は遅く、両地区の高齢化率のあいだには2013年の時点で約20ポイントの差が生じている。
　こうした状況のもと、高蔵寺ニュータウンの居住者の市民意識は高く、NPO法人高蔵寺ニュータウン再生市民会議をはじめ、行政、都市再生機構、地元の大学などが連携し、地域再生に向けたさまざまな取り組みが行われている。

東海三県の市町村別にみた人口変動

　東海3県の175市区町村のうち、2005～10年の人口増加率が2000～05年に比べて低下している市区町村が7割以上を占めており、圏域全体として人口増加率は低下傾向にある（図8-2）。とくに岐阜県飛騨地域、三重県東紀州地域、愛知県奥三河地域などの中山間地域で人口減少がいっそう進行してい

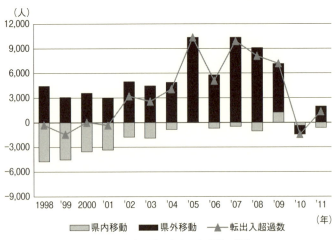

図8-3　名古屋市の転出入超過数の推移
出所：愛知県人口動向調査により作成。

る。その一方で、圏域の中心都市である名古屋市の東部から南東部にかけての隣接市町では着実に人口増加が続いている。なかでも東部に隣接する長久手市では、2005年から2010年にかけて11.9%と二桁台の増加を示している。これは、全国的にみても第11位の高い人口増加率である。

　一方、名古屋市内においても局所的に人口が増加している地域がみられる。都心に位置する中区がその一つである。中区の2005年から2010年までの人口増加率は10.8%と市内で最も高く、しかもその比率は2000年から2005年の数値に比べて1.4ポイント上昇している。さらに、中区に隣接する東区においても5年間で7.0%の増加を示しており、名古屋都心部において人口増加がみられる。

　では、この都心部における人口増加を、一般的にいわれているような「都心回帰」現象と捉えてよいのだろうか。図8-3は愛知県人口動向調査結果をもとに、1998年から2011年までの名古屋市の社会増減数を転出入先別に示したものである。これによると、名古屋市は2001年まではわずかに転出超過であったが、2002年以降転入超過に転じ、2005年から2009年までは毎年6000～1万人程度の社会増を示している。翌2010年にはリーマンショック

などの影響によりいったん社会減に転じたものの、2011年にはふたたび社会増となっている。これらの転入超過の原動力となっているのは、県内他市町村への転出が抑制されたことも一因ではあるが、それ以上に県外からの転入数が増加したことが大きく影響している。このことを区別にみると、都心の中区では、1998年以降一貫して転入超過が続き、その周辺の東区、千種区でも2000年代後半に転入超過数が増加している。このうち、中区の転入超過の大半は県外からの転入者によるものである。

2010年国勢調査結果をみても、中区、名東区、千種区、東区の移動率（区総人口に占める転入・転出者数の割合）は高く、いずれも他県からの移動が多い。中区の移動率は35.8%で、転入者の5年前の常住地をみると、他県が13.9%と最も多く、次いで市内他区8.6%、自区内6.9%、県内他市町村4.8%、国外1.6%となっており、名古屋市の都心および都心周辺部の社会増加を支えているのは愛知県外からの転入者である。

郊外化から都心回帰へ

都心回帰をたんなる都心における人口増加ではなく、大都市圏内部における郊外から都心への人口移動と定義すれば、名古屋都心部の中区の人口増加は、主として岐阜県や三重県などの隣接県からの転入によってもたらされていることから、必ずしも都心回帰とはいえないことになる。

名古屋市における転出入超過数の空間分布（2011年10月〜2012年9月）をみると、北区から春日井市へ、守山区から尾張旭市へ、名東区から長久手市へ、天白区から日進市へ、西区から北名古屋市へ、中川区から大治町へといったように、名古屋市の縁辺区からより郊外の隣接市町への転出超過がみられる（図8-4）。その一方で、春日井市から守山区へ、刈谷市や豊明市から緑区への転入もみられる。しかし、これらは名古屋市の縁辺区への人口移動であり、都心回帰とはいいがたい。そこで、都心区である中区とのあいだの人口移動をみると、北名古屋市、長久手市、春日井市へは中区からの転出超過である一方で、日進市、豊明市、尾張旭市などから中区へは転入超過となっている。量的には多くはないもののたしかに都心回帰の現象がみられる。

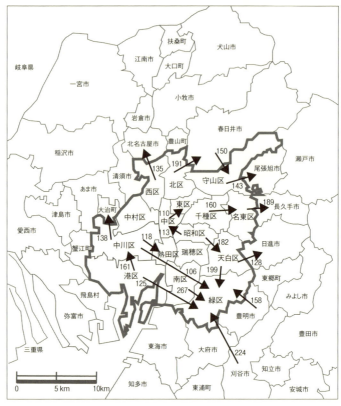

図 8-4 名古屋市における転出入超過数の空間分布
注：2011年10月から2012年9月までの1年間の転出入超過数が100人以上のものを図示した（単位：人）。
出所：愛知県人口動向調査により作成。

　愛知県人口動向調査（2011年10月～2012年9月）によると、名古屋市から県内他市町村へは616人の転出超過となっており、名古屋大都市圏における人口移動は、依然として郊外化が主流である。しかしながら、前述したように、都心回帰現象も量的には少ないながらも出現している。

2 変貌する名古屋大都市圏の郊外

大都市圏郊外の成熟化

　国勢調査によると、名古屋大都市圏郊外に位置する春日井市の人口増加率は 2000〜05 年に 2.8％ であったが、2005〜10 年には 0.5 ポイント上昇し 3.3％ となっている。都市圏全体としては人口増加率が低下傾向にあるなかで、春日井市においては高蔵寺ニュータウンを除く市内各地の人口はおおむね横ばいから微増である。JR 中央線の神領駅から高蔵寺駅にかけての地域、勝川駅周辺地域、市西部地域などに人口増加地域が点在している。これらは面的整備により宅地供給が行われ、人口増加をもたらしたものも一部にはあるが、それ以上にマンション建設などによりスポット的に人口が増加した地域が多い。

　春日井市の通勤流動をみると、2010 年国勢調査によれば、春日井市の就業者総数のうち通勤先が春日井市内である比率（市内従業率）は 51.8％ で、就業者総数のうち通勤先が名古屋市である比率（名古屋市への通勤依存率）は 26.7％ である（従業地「不詳」を除く）。これを 2000 年の数値と比較すると、市内従業率は 1.5 ポイント、名古屋市への通勤依存率は 2.1 ポイント低下している。これに対して、春日井市からその他の県内市町村および県外への通勤率は、それぞれ 1.7 ポイント、1.9 ポイント上昇している。この名古屋市への通勤依存率の低下は都市圏全体においても認められる。名古屋市への通勤依存率 5％ 以上の 63 市町村のうち、8 割近い 49 市町村において 10 年前よりも通勤依存率が低下している。

　また、都市の中心性を示す指標の一つである昼夜間人口比率（夜間人口に対する昼間人口の割合）をみると、1995 年に 86.8％ であった春日井市の昼夜間人口比率は、その後 2000 年に 88.5％ となり、2005 年に 89.8％、2010 年に 91.4％ と着実に上昇している。

　このように、名古屋大都市圏郊外の人口増加率は低下傾向にあると同時に、中心都市名古屋への通勤依存率も低下している。その一方で、昼夜間人口比

率は上昇し、郊外から郊外へという通勤パターンも若干強まっている。このような背景には、郊外から名古屋市へ通勤していた団塊の世代が大量に退職時期を迎えたことや、郊外で生まれ育った若者が郊外で就業するケースが増加していることなどが関係している（稲垣 2014）。中心都市名古屋とは引き続き強い関係を保ちつつも、大都市圏郊外は新たな局面を迎えているのである。

ポスト成長社会の都市地域構造の変容

　バブル経済が崩壊し、日本は人口減少時代に突入している。高度経済成長期以来の拡大・成長を前提とした都市や社会は大きな転換期を迎え、持続可能性や人間性を重視した都市・社会への転換を模索している。そうしたなか、大都市圏では郊外化の速度が弱まり、都心回帰の現象がみられる。その一方で、郊外都市の鉄道駅周辺においては住居系再開発事業やマンション建設が活発化している。また、地価の最高地点が中心街から鉄道駅周辺へ移動しており（高野 2004）、駅を中心とした市街地構造の再編をうかがわせる現象が起きている。この現象は名古屋大都市圏においてもみられ、名古屋市では栄から名古屋駅前へ、岐阜市では柳ヶ瀬から岐阜駅前へと地価の最高地点が移動している。

　大都市圏郊外の駅前地区では、鉄道の利便性が高く、中心都市へのアクセス性に優れていることから、バブル経済崩壊以降の地価下落ともあいまって住居系再開発事業が行われている。その際、マンション建設にあわせて商業施設や医療施設などの日常生活に必要な機能も導入されている。このような郊外駅前地区における拠点整備がきっかけとなり、周辺地域に大きなインパクトを与えることになれば、郊外都市の市街地構造の再編、ひいては大都市圏の居住地域構造の変容にもつながる。ただし、この可能性を検証するには、駅前再開発マンションのもつ潜在性を詳細に把握することが必要となる。

郊外駅周辺での新たな生活空間の創出

　名古屋大都市圏の北東部に位置する愛知県春日井市は、高蔵寺ニュータウ

第 8 章　ポスト成長社会における名古屋大都市圏郊外の居住地選好

写真 8-1　JR 勝川駅前の再開発地区
出所：2011 年 12 月筆者撮影。

ンに代表されるように、名古屋のベッドタウンとして発展してきた。2010年国勢調査の同市の人口は 30 万 5569 人で、わずかながら増加傾向を維持している。市の中央には JR 中央線が縦断するかたちで通過しており、市内に 5 駅が設置されている。そのなかで最も市西部の名古屋市寄りに位置するのが勝川駅である。勝川駅から名古屋駅や都心の栄までは 20 分弱の距離にあり、2011 年の日平均乗車人員は 1 万 5592 人で、市内では高蔵寺駅に次いで乗車人員の多い駅である。

　当駅周辺では、1986 年度に策定された「勝川駅周辺整備計画」にもとづいて土地区画整理事業や市街地再開発事業が順次進められ、多くのマンションが建設された。これにより、街並みが一新され、低・中層階には食品スーパーや飲食店などの商業施設や内科・小児科などからなるクリニックモールが入居し、新たな生活空間を創出している（写真 8-1）。これは、自動車交通を中心に考えられてきた高度経済成長期の郊外開発とは明らかに異なり、鉄道を中心とした公共交通を前提とした郊外駅前再整備である。このような駅前における新たな生活空間の創出は春日井市に限ったことではなく、岐阜市、桑名市、稲沢市、岩倉市、刈谷市など、名古屋大都市圏郊外の多くの都市においてみられる現象である。

3 郊外の駅前再開発マンションと居住世帯

JR勝川駅周辺の再開発とマンション建設

　名古屋大都市圏郊外に位置するJR勝川駅周辺では、勝川駅周辺総合整備事業により30年近くの歳月をかけて都市機能の更新が行われてきた。当初は「複合拠点中心商業地区」として位置づけられ、商業機能を中心とする再開発が計画されていた。しかし、バブル経済の崩壊により商業施設の誘致は困難となり、住居系を中心とした再開発への転換を余儀なくされた。そうしたなか、勝川駅の北側では、2006年、2007年に勝川地区と松新地区において第一種市街地再開発事業が実施され、分譲マンション5棟が建設された。一方、駅南側では、2002年、2005年、2011年に土地区画整理事業の立体換地と民間事業によって賃貸マンション3棟が建設された。

駅前再開発マンションの概要

　勝川駅周辺の分譲マンションの規模は35～168戸と幅があり、賃貸マンションの戸数も最大で55戸、最小で18戸とばらつきがある。9階建てから14階建てのマンションで、全8棟中6棟は1、2階に食料品スーパー、美容院、クリーニング店、飲食店などの店舗や子育て支援施設が入居する住商併用マンションである。また、うち1棟の分譲マンションの3、4階には医療機関が複数入居し、クリニックモールを形成している。
　間取りは、分譲マンションの場合、2LDK、3LDK、4LDKの3タイプがあり、このうち3LDKが6割を占めている。一方、賃貸マンションの場合、1DK、1LDK、2DK、2LDK、3LDKの5タイプがあり、このうち2LDKが6割以上を占めている。分譲マンションの販売価格帯は2400万～3800万円である。これを、2013年11月現在、名古屋市内で販売されている同一業者のマンション価格と比較すると、住宅地として人気のある昭和区や名東区のマンションよりも2～3割程度安価であり、また勝川に近い北区のマンションと比較しても1～2割程度安価である。販売時期に差はあるものの、勝川駅

第8章　ポスト成長社会における名古屋大都市圏郊外の居住地選好

周辺の分譲マンションは、名古屋市内のマンションに比べて総じて安価であることがうかがえる。

一方、賃貸マンションについても、駅前立地ではあるが、駐車場は1戸に1台の割合で確保されている。また、再開発事業区域内には月極め駐車場が整備されており、必要に応じて2台目以降の駐車場も確保することが可能な環境が整っている。

このように、再開発事業により建設されたマンションは民間の単独事業とは異なり、居住機能にあわせて生活支援機能を導入する複合開発になることが多く、地区再生の拠点になりうる。これは、事業主体がたとえ民間の組合施行であったとしても、公共事業として計画段階から行政が関与するためである。その意味では、民間企業によるマンション建設とは異なり、住居系再開発事業により建設された複合マンションの地域再生へのポテンシャルは極めて高いといえる。

マンション居住世帯の家族類型

2012年11月に筆者が実施した勝川駅周辺のマンション居住世帯へのアンケート調査（以下、アンケート調査）の結果によると、「夫婦と子供」からなる世帯（ひとり親世帯を含む）が216世帯中120世帯（55.3％）と半数以上を占め、「夫婦のみ」(28.8％) をあわせると、84.1％が核家族世帯である（表8-1）。単身世帯は29世帯（13.5％）で、これらの三つの家族類型で全体の97.6％を占めている。単身世帯29世帯の約7割が女性であり、なかでも40歳代と70歳以上の女性の単身者が多い。また、1世帯当たりの人員は2.75人で、その値は分譲マンションで大きく、賃貸マンションで小さい。2010年国勢調査によると、春日井市全体の世帯人員が2.53人であることから、アンケート回答世帯の世帯規模は市の平均世帯規模よりも大きいといえる。

世帯主の年齢は40歳代（34.7％）と50歳代（31.9％）が中心で、この二つの年齢層で全体の約3分の2を占めている。それぞれの年齢層の階級値を用いた推計によると、平均年齢は55.7歳（分譲56.8歳、賃貸48.8歳）である。2008年住宅・土地統計調査によると、春日井市の家計を主に支える者（世

表 8-1 アンケート回答世帯の属性

地区		総数(世帯)	家族類型 (上段：世帯、下段：%)							世帯主の平均年齢*(歳)	世帯人員(人)
			単身	夫婦のみ	夫婦と子供	夫婦と子供夫婦	夫婦と親	三世代世帯	その他		
全体		216	29 13.5	62 28.8	120 55.3	1 0.5	1 0.5	1 0.5	2 0.9	55.7	2.75
分譲	勝川地区	107	12 11.2	29 27.1	65 60.7	1 0.9				56.4	2.84
	松新地区	78	10 12.8	22 28.2	42 53.8		1 1.3	1 1.3	2 2.6	57.3	2.78
	小計	185	22 11.9	51 27.6	107 57.8	1 0.5	1 0.5	1 0.5	2 1.1	56.8	2.81
賃貸	勝南地区	29	6 20.7	10 34.5	13 44.8					48.8	2.41

＊：20歳代＝25歳、30歳代＝35歳、40歳代＝45歳、50歳代＝55歳、60歳代＝65歳、70歳以上＝75歳と仮定して算出。
出所：アンケート調査により作成。

帯主）の平均年齢の推計値は47.6歳であり、非木造の共同住宅に限ると37.3歳である。平均年齢の算出方法に違いはあるものの、このアンケート回答世帯の年齢層は比較的高いといえる。また、大阪市でのアンケート調査（富田2009）や、仙台市でのアンケート調査（榊原ほか2003）では、30歳代の世帯主が一定の割合を占めているのに対し、勝川駅周辺では30歳代の世帯主は2％足らずと極端に少ない。調査方法などに違いはあるものの、これらのことからも勝川駅周辺のマンション居住世帯の年齢層の高さがうかがえる。

ただし、これらはあくまでもアンケート回答世帯の年齢であり、実際の居住世帯の状況をどの程度反映しているかは検証の必要がある。そこで、松新地区のマンション管理会社が販売時に調査したマンション居住世帯の数値と比較したところ、入居当時（2006年）のマンション居住世帯の世帯主の平均年齢は45.6歳であった。これは、2008年住宅・土地統計調査による非木造共同住宅の世帯主の平均年齢（37.3歳）を大きく上回っており、勝川駅周辺のマンション居住世帯の年齢層の高さを裏づけている。

第 8 章　ポスト成長社会における名古屋大都市圏郊外の居住地選好

表 8-2　勝川駅前マンション居住世帯と春日井市民の通勤先の比較

通勤先	勝川駅前マンション		春日井市全体	
	実数(人)	構成比(%)	実数(人)	構成比(%)
総就業者数	196		148,231[1)]	
春日井市	48	24.5	73,548	51.8
名古屋市	96	49.0	37,847	26.7
その他の愛知県	42	21.4	24,317	17.1
岐阜県	8	4.1	2,636	1.9
その他	2	1.0	3,569	2.5

1) 春日井市全体の総就業者数には、従業地「不詳」を含む。
出所：アンケート調査および 2010 年国勢調査により筆者作成。

マンション居住世帯の通勤形態

　2010 年国勢調査により春日井市の通勤流動をみると、春日井市から名古屋市北区への通勤や、名古屋市守山区から春日井市への通勤がみられる。前述の人口移動データとあわせて考えると、北区に居住・従業していた世帯が春日井市に転居し、春日井市から北区へ通勤しているケースや、守山区から春日井市へ通勤していた世帯が春日井市に転入してきたケースなどの存在が想定される。

　勝川駅周辺のマンション居住世帯については、アンケート調査結果によると、世帯主の職業は、「会社員・公務員」が約 4 分の 3 を占め、「会社役員・団体役員」をあわせると、約 8 割が給与所得者である。通勤先については、名古屋市への通勤者が 49.0% と約半数を占めているほか、春日井市内通勤者が 24.5%、春日井市、名古屋市以外の県内他市町村への通勤者が 21.4% である（表 8-2）。2010 年国勢調査では、春日井市の名古屋市への通勤依存率は 26.7% であることから、勝川駅周辺のマンションは、市内でもとくに名古屋市への通勤者が多い居住地であるといえる。通勤時の交通手段は、JR が 50.6%、自家用車が 35.7% である。JR を利用して名古屋市や県外へ、自家用車で市内や周辺市町へというのが主な通勤形態である。このように、勝川駅周辺のマンション居住世帯は、市内でもとくに名古屋市への通勤依存率

が高く、鉄道への依存度も高い世帯である。

4　郊外駅前マンション居住世帯の居住地選好

マンション居住世帯の住み替えパターン

　勝川駅周辺のマンション居住世帯へのアンケート調査によると、回答世帯のほとんどがマンションを日常の居住用として使用しており、セカンドハウスや事務所兼用として使用している世帯はごくわずか（1.9%）である。分譲マンションについては、賃料を支払って居住している世帯はわずかではあるが存在するものの、ほとんどの世帯は自己所有である。一般に、シンボリックなタワーマンションなどは、セカンドハウスや投資目的で所有しているケースがみられるが、ここの場合はそうではない。実質的な居住場所として選択されている。

　アンケート回答世帯の前住地をみると、春日井市内からの転居世帯が63.1%、名古屋市からの転入世帯が15.0%、愛知県内のその他の周辺市町からの転入世帯が12.1%である（表8-3）。賃貸マンション居住世帯は、分譲マンション居住世帯に比べ、愛知県の周辺市町や他県からの転入者の割合が大きい。つまり、賃貸マンション居住世帯のほうが分譲マンション居住世帯に比べ住み替えの移動距離が長い。

　従前の住宅については、賃貸マンション・公的賃貸住宅等が64.5%と約3分の2を占める一方で、戸建持家（27.6%）と分譲マンション（7.9%）があわせて35.5%を占めている（表8-3）。3分の1以上の世帯が持家を所有しながらも、あえて勝川駅周辺のマンションへ住み替えている。これらは、老後に備えて郊外戸建住宅などから駅前分譲マンションへ住み替えた世帯、従前の住宅への不満やより高い利便性を求め、従前の分譲マンションなどから駅前の分譲マンションへ住み替えた世帯、結婚や世帯からの独立を機に世帯を分離し、分譲マンションに入居した世帯などである。

　また、持家に居住していた世帯に対して、住み替えの際に従前の住宅をどうしたかを尋ねたところ、「売却」が47.9%、「今も家族が居住」が38.7%

第8章　ポスト成長社会における名古屋大都市圏郊外の居住地選好

表 8-3　前住地・従前住宅別の現マンションの所有形態

前住地 従前住宅の種類	総数		現マンションの所有形態			
			分譲		賃貸	
	世帯	%	世帯	%	世帯	%
全体	214	100.0	185	86.4	29	13.6
戸建持家	59	27.6	54	25.2	5	2.3
分譲マンション	17	7.9	16	7.5	1	0.5
賃貸マンション等	138	64.5	115	53.7	23	10.7
春日井市南部地域	72	33.6	64	29.9	8	3.7
戸建持家	15	7.0	15	7.0		
分譲マンション	4	1.9	4	1.9		
賃貸マンション等	53	24.8	45	21.0	8	3.7
その他の春日井市内	63	29.4	58	27.1	5	2.3
戸建持家	24	11.2	22	10.3	2	0.9
分譲マンション	8	3.7	8	3.7		
賃貸マンション等	31	14.5	28	13.1	3	1.4
名古屋市	32	15.0	29	13.6	3	1.4
戸建持家	2	0.9	2	0.9		
分譲マンション	2	0.9	2	0.9		
賃貸マンション等	28	13.1	25	11.7	3	1.4
その他の愛知県	26	12.1	19	8.9	7	3.3
戸建持家	13	6.1	10	4.7	3	1.4
分譲マンション	1	0.5	1	0.5		
賃貸マンション等	12	5.6	8	3.7	4	1.9
県外	21	9.8	15	7.0	6	2.8
戸建持家	5	2.3	5	2.3		
分譲マンション	2	0.9	1	0.5	1	0.5
賃貸マンション等	14	6.5	9	4.2	5	2.3

注：「賃貸マンション等」には賃貸マンションのほか、戸建借家、公的賃貸住宅、社宅・寮を含む。
出所：アンケート調査により作成。

であった。世帯分離をした世帯では、引き続き現在も家族が居住しており、空き家になっているのは全体で3戸のみである。しかし、これらはいずれも売却できなかったり、あるいは借り手がいなかったりするわけではなく、無理に処分するつもりもなく、資産として保有している世帯である。このような状況は、ほかの郊外駅前マンション居住世帯にも共通していることなのか、また売却後、その住宅がどのように利用されているかまでは明らかではない。今後、郊外の持家居住世帯の駅前マンションへの住み替えが進むとすれば、

143

表8-4 住み替えのきっかけ（複数回答）

		総数(世帯)	就職・転勤	結婚	出産・子供の成長	親族との別居	老後に備えて	持家をもちたかった	以前の住宅への不満	以前の住宅の周辺環境への不満	再開発の地権者だった	その他
全体		218	22 10.1	31 14.2	35 16.1	9 4.1	42 19.3	56 25.7	30 13.8	23 10.6	3 1.4	27 12.4
分譲	勝川地区	106	5 4.7	12 11.3	18 17.0	3 2.8	22 20.8	33 31.1	19 17.9	15 14.2	2 1.9	13 12.3
	松新地区	77	8 10.4	8 10.4	12 15.6	5 6.5	18 23.4	23 29.9	6 7.8	3 3.9	1 1.3	11 14.3
	小計	183	13 7.1	20 10.9	30 16.4	8 4.4	40 21.9	56 30.6	25 13.7	18 9.8	3 1.6	24 13.1
賃貸	駅南地区	29	9 31.0	11 37.9	5 17.2	1 3.4	1 3.4		5 17.2	5 17.2		2 6.9

出所：アンケート調査により作成．

それにともなう空き家の発生や従前住宅の利用のされ方を明らかにすることは、今後の居住地域構造の変容について考えるうえで重要である。

住み替えのきっかけと居住地選択

　アンケート回答世帯の住み替えの契機についてみると、「持家をもちたかった」(25.7%) 以外に、「老後に備えて」(19.3%)、「出産・子供の成長」(16.1%)、「結婚」(14.2%) などのライフサイクルやライフイベントに関連する事項を挙げている世帯が比較的多い（表8-4）。なかでも賃貸マンションでは、「結婚」(37.9%)、「就職・転勤」(31.0%) を挙げる割合がとくに大きい。このほか「以前の住宅への不満」(13.8%)、「以前の住宅の周辺環境への不満」(10.6%) などの住宅・環境要因も住み替えのきっかけとなっている。

　勝川駅周辺を居住地として選択した理由としては、「駅に近く電車の便がよい」を7割以上の世帯が挙げており、このほか「買い物などの日常生活が便利」と「通勤に便利」を選択理由として挙げている世帯が多い（図8-5）。賃貸マンション居住世帯が通勤の利便性や親・子への近接性をより重視するのに対し、分譲マンション居住世帯は買い物や医療・福祉などの日常的な生

第8章　ポスト成長社会における名古屋大都市圏郊外の居住地選好

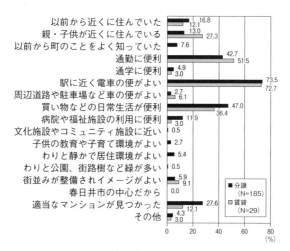

図 8-5　所有形態別の居住地選択理由
出所：アンケート調査により作成。

活環境をより重視する傾向がみられる。

　また、現在居住しているマンションを購入（入居）する際に比較した物件について尋ねたところ、「春日井市内の駅前分譲マンション」を挙げた世帯が36.7％と最も多く、次いで「名古屋市内の分譲マンション」が29.8％であった。名古屋市への通勤世帯が半数を占めていることから、勤務先との関係で、職場までの時間距離や日常的な生活環境から判断して購入を検討した世帯が多いようである。一方、賃貸マンションでは、「春日井市内の駅前賃貸マンション」を居住地選択理由として挙げる世帯が約4分の3あり、このほか「名古屋市内の賃貸マンション」が挙げられている。

ポスト成長社会における新しい居住地選好

　以上のように、勝川駅周辺のマンション居住世帯へのアンケート調査によると、名古屋大都市圏郊外に位置する勝川駅周辺のマンション居住世帯は、1）転勤や結婚のために、近隣市町や県外の賃貸マンションから駅前の賃貸マンションに転入したケース、2）市内の賃貸マンション居住世帯が持家を求めて駅前の分譲マンションに転居したケース、3）同じく市内の戸建持家

や分譲マンションに居住していた世帯がライフサイクルの変化に応じて、分譲マンションに住み替えたケースから主に構成されている。これらの世帯は、通勤の利便性と買い物などの日常生活を行ううえでの居住環境に加えて、住宅の広さや間取り、価格などのマンション自体のもつ質的な面をあわせて比較検討し、住み替えを行っている。

　とくに、自らの老後に備えて持家を売却し、駅前マンションに住み替えている世帯が少なくないことは特筆すべき点である。富田和暁は、「「消費・余暇関係」と「地縁的・社会的関係」が従来よりも重視される。〔……〕少子高齢化と老人介護の社会化が進展する新時代には、郊外都市の戸建住宅に住む単独高齢世帯や高齢な夫婦二人世帯が、「消費・余暇関係」を重視することもあって、都心地区のマンションへ転居する流れも大きくなる」と指摘している（富田 2009）。この点からすると、大都市圏郊外の駅前は日常生活の利便性が高く、郊外居住者にとって住み慣れた日常生活圏の範囲にあることから、「消費・余暇関係」と「地縁的・社会的関係」の両面をあわせもつ場所であると評価され、その結果、老後に備えた住み替えが行われているものと考えられる。

郊外駅前居住の今後

　郊外駅前居住は、都心居住の都市的利便性の高さと郊外居住の居住環境のよさをあわせもった居住形態である。名古屋大都市圏での人口移動の現状をみるかぎり、郊外居住を志向する世帯は引き続き存在することに変わりはないであろうが、今後は生活の基盤となる日常生活圏を変えることなく、老後も安心して便利に生活できる集住拠点（終の棲家）として大都市圏郊外の駅前が選択される可能性は高まるであろう。また、非高齢者層にとって郊外駅前は、鉄道と自動車の双方を利用することができ、多様な選択的行動を可能にする場所である。かつては、庭付き戸建住宅が郊外住宅地の基本的な居住形態であった。今日の郊外駅前居住は、新たな郊外居住の一形態として捉えることができると同時に、都心居住を志向する世帯が、広さなどの住宅自体の性能と価格から判断して、名古屋都心部よりも郊外駅前を選択した結果で

ある。さらに、老後に備えて現役のうちに住み替えを行っていることが、日常的な生活環境に加えて、通勤の利便性の高い郊外駅前を選択させることにつながっているのであろう。

今後もこのような郊外駅前居住が進んでいけば、郊外都市の市街地の地域構造を再編させることになり、ひいては拡大分散型都市構造から集約連携型都市構造への転換をもたらし、大都市圏の居住地域構造を変容させることにつながることにもなる。ただし、このことを結論づけるにはどの程度の規模で郊外駅前居住が進み、周辺地域にどのような波及効果をもたらしていくかを明らかにすることが必要である。

文献
稲垣稜（2011）『郊外世代と大都市圏』ナカニシヤ出版。
―――（2014）「大都市圏郊外における中心都市への通勤者数減少の要因に関する考察――1990年代後半以降の奈良県生駒市を中心に」『地理学評論』第87A巻1号、17-37頁。
大塚俊幸（2014）「大都市圏郊外駅前地区におけるマンション居住世帯の日常生活行動――JR中央線勝川駅周辺を事例として」『人文学部研究論集』第31号、117-139頁。
近畿都市学会編（2014）『都市構造と都市政策』古今書院。
榊原彰子・松岡恵悟・宮澤仁（2003）「仙台都心部における分譲マンション居住者の特性と都心居住の志向性」『季刊地理学』第55巻2号、87-106頁。
高野誠二（2004）「日本における都市中心部の構造変容――鉄道駅周辺地区と中心街の関係から」『季刊地理学』第56巻4号、225-240頁。
富田和暁（2009）「大都市圏における新時代の居住地選好」『大阪商業大学論集』第151・152号社会科学篇、173-188頁。

（大塚俊幸）

第 9 章
働きながら子育てをする場所としての東京都心

1　東京都心への人口回帰

　東京大都市圏では 1960 年代から 1990 年代の 30 年間を通じて人口の郊外化が進み、都心の人口は減り続けてきた（図 9-1）。周知のように、都心部の人口が減り郊外化が進む様子は、真ん中が空洞になっている丸いリング状のドーナツにたとえられて、ドーナツ化現象という言葉で広く知られてきた。東京大都市圏はドーナツ化現象の代表例であったといってよい。ところが、バブル経済が崩壊した 1990 年代後半から、東京都心 3 区（千代田区、中央区、港区）では人口が増加に転じ、その傾向は 2000 年代に入っても持続している（図 9-1、図 9-2）。これを都心への人口回帰という。戦後約 30 年間続いた都心における人口減少というトレンドが、逆転したのである。一方では、ひたすら外側へと拡大を続けてきた東京大都市圏の郊外化は、終焉したという見方もある（江崎 2006）。ミスタードーナツのエンゼルクリームのように、ドーナツの真ん中がクリームで埋まり始めると同時に、これまで大きくなる一方であったドーナツが拡大をやめたのである。ここで次の疑問がわく。このような郊外化の終焉、そして都心への人口回帰はなぜ起きたのか、またこれらの現象は何を意味するのだろうか。おそらくこの問いに答えることは容易ではなく、本章の範疇を超えることになる。本章ではこの問いに答える手

がかりを得るため、人口回帰の実態について、その一端を明らかにすることにしたい。中心のクリームは外側のドーナツ生地とは味が違うように、都心での生活は郊外の生活と何か異なる点があるのだろうか。

都心への人口回帰については、2000年代に入ってから研究の蓄積が進んできた（江崎 2006；矢部 2003；山神 2003 など）。とくに 1990 年代の東京都心における人口回帰については、宮澤仁と阿部隆が国勢調査小地域統計のデータを使い、包括的な分析を行っている（宮澤・阿部 2005）。そこで本章では、2000 年代以降の統計資料を用い、人口回帰の実態を調べることにする。1990 年代後半に人口回帰が始まって約 20 年が経過した現在、その内容に何か変化が起きているのか、この作業を通して明らかにすることができよう。また、人口回帰の結果として、都心居住者は郊外における職住分離の状況とは異なり、職住近接の状況におかれることとなる。職住近接により、都心居住者の生活は郊外と比べてどのような変化が現われるのか、この点も興味深い。本章では、都心居住者に実施した生活時間のアンケート調査の結果から、都心生活の実態を示していくことにする。

以下、2 節では市区町村別の統計を用いて、3 節ではより詳細な町丁・字単位の統計を用いて、それぞれ都心への人口回帰について概観する。また、4 節では都心に居住する主婦を対象とした生活時間の調査から、都心居住によって生活がどのように変化するのか検討する。

2　市区町村別統計からみる人口回帰

2 節では、市区町村別の国勢調査のデータおよび東京都の人口動態統計を用い、都心への人口回帰について概観する。

人口回帰を社会増加と自然増加に分ける

ある地域で人口増加が起こっているとき、その要因を社会増加と自然増加に分ける方法がある。社会増加とはその地域に引っ越してきた転入者数から転出者数を引いたものである。自然増加とは、その地域における出生数から

第 9 章　働きながら子育てをする場所としての東京都心

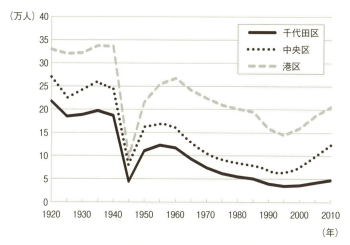

図 9-1　東京都心 3 区における人口の推移
出所：総務省『国勢調査』。

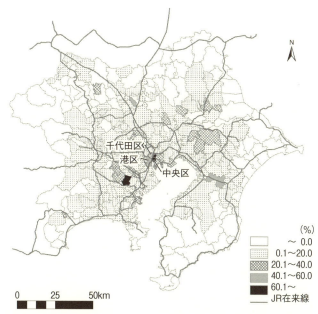

図 9-2　東京大都市圏における市区町村別人口増加率（1995～2010 年）
出所：総務省『国勢調査』。

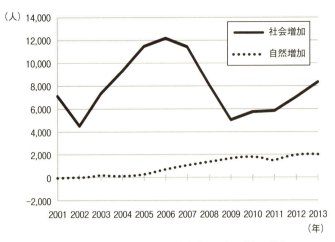

図 9-3　東京都心 3 区における社会増加・自然増加の推移
出所：東京都『人口の動き』。

死亡数を引いたものである。同じ人口増加であっても、社会増加が多いのか、もしくは自然増加が多いのかによってその意味が異なってくることは明らかであろう。そこで、東京都心への人口回帰について、まずはこの二つの要因に分解して考えるところから本章の分析を始めることにしたい。

多くの地域では、人口の社会増加・自然増加に関する統計資料は住民基本台帳のデータをもとに作成・公開している。東京都もその例外ではなく、『人口の動き：東京都の人口（推計）年報』として公開されている。ここではこの資料を用いて、都心 3 区における人口回帰について、社会増加と自然増加に分けて検討する。

2001 年以降の都心 3 区における社会増加と自然増加の推移をみると、社会増加がその多くを占めていることが目立つ（図 9-3）。とくに 2001～05 年の期間にかけては平均すると毎年 8000 人程度の社会増加があるのに対して、自然増加はほぼ 0 付近を推移している。この時期の人口回帰は都心 3 区の外からの転入数が転出数を上回ったことにより、人口が増加していたのである。社会増加はリーマンショック後の 2009 年には落ち込むことになるが、その後は勢いを取り戻し、2013 年にはふたたび 8000 人を超える増加を記録して

いる。

　この社会増加の背景にあるのは、都心部における大量のマンション建設であることは疑いがない（香川 2014；久保 2014；平山 2006）。1990年代後半以降の都心における再開発の勢いはすさまじく、オフィスビルと同様、マンション建設も進んだのである。

　一方、自然増加はその後どのような推移をたどるのであろうか。2000年代前半はほぼ0であった自然増加は、社会増加と比べると少ないものの、2005年以降は増える傾向にある。東日本大震災とそれに続く福島第一原発事故があった2011年にはいったん勢いが衰えるものの、それ以降はふたたび増加に転じ、2013年には2000人以上の増加を記録している。社会増加のほうが多いとはいえ、2000年代後半以降においては自然増加も無視できないほどに増えているのである。

　自然増加が起こるのは死亡数が減っているか、出生数が増えているかのどちらかである。この場合はどちらなのだろうか。この期間における死亡数と出生数を詳しく確認すると、死亡数はほぼ一定か微増にとどまっているのに対して、出生数は2005年以降に顕著に増加している。つまり、2005年以降の自然増加は死亡数が減ったために起こったわけではなく、出生数が増えたために起こっているのである。

　なお、都心において子供が生まれる割合は、郊外と比べても大きい。このことを2013年の出生率の分布で確認してみたい（図9-4）。この場合の出生率とは、2013年の1年間に生まれた子供の数を、2013年7月1日時点の女性の数で除し、人口1000人当たりの数として表したものである。出生率の分布をみると、都心の中央区（24.6人）、港区（24.2人）の出生率が東京都の1位と2位を占め、郊外の市部よりも高いことがわかる[1]。かつて郊外化が進んでいた頃、都心は郊外から通勤してくる男性が働く場所であった。それに対して郊外は、ベッドタウンという言葉があるように、男性が仕事を終えた夜に帰って寝る場所、そして女性が家事と育児を行う場所であった。それが、出生率の分布からは、都心が子供を産み、育てる場所に変化しつつあるとも考えられるのである。

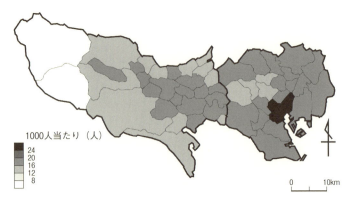

図 9-4　東京都における市区町村別の出生率 (2013 年)
出所:東京都『人口の動き』。

　それでは、いったい誰が都心で子供を産んでいるのだろうか。一つ考えられる可能性は、2000 年代前半までに都心に転入した居住者が出産の時期を迎えたということである。この点を確認するには、居住者の年齢や世帯構成などを調べることが必要であろう。次に、国勢調査の資料を用い、この点について検討を加えることにする。

コーホート分析
　まずは都心 3 区にどのような年齢層が転入しているのか分析することにしたい。どの年齢層が多く転入しているのか分析するには、コーホート変化率法にもとづいた分析が有効である。コーホートとは、ある一定の期間に生まれた人口のことを指す、世代と似た言葉である。たとえば、2000 年に 0〜4 歳であったコーホートは、5 年後の 2005 年には 5〜9 歳になる。5 年間にまったく社会増加がなければ、このコーホートの人口は一定のはずである。もし、5 年後にこのコーホートの人口が増えていれば、それは社会増加があったことを意味する。このようにコーホート変化率法とは、年齢層別の社会増加について検討する方法である。
　なお、コーホートの変化を厳密に計算するには、一定期間を経て生存する

第9章　働きながら子育てをする場所としての東京都心

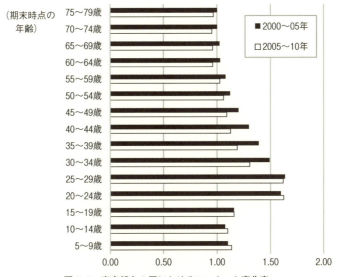

図9-5　東京都心3区におけるコーホート変化率

出所：総務省『国勢調査』。

割合である生存率を考慮しなくてはならない。事故などにより、若年層でも少ない割合ではあるが死亡する人がいるからである。高齢のコーホートではこの生存率が大きく影響してくるのは自明のことであろう。生存率は地域によって異なるが、ここでは簡便のため、日本全国の生命表（厚生労働省『第21回生命表』）から各年齢層の生存率を求めた。コーホート変化率は以下の式から求められる。

$$コーホート変化率 = \frac{期末時点のコーホート人口}{期首時点のコーホート人口 \times 各年齢層における生存率}$$

コーホート変化率の値が1より大きければ、そのコーホートは転出よりも転入が多かったことを意味する。また1より小さければ、そのコーホートは転出が卓越したことを意味する。

2000～05年、2005～10年の二つの期間について、都心3区における5歳階級別のコーホート変化率を計算した（図9-5）。その結果、いずれの期間も

表 9-1　都心 3 区における世帯構成、住居形態の変化
（上段は世帯数、下段は対 5 年前増加率）

	2000 年	2005 年	2010 年
単身世帯	61,681	99,741	105,736
		61.7%	6.0%
夫婦のみ世帯	22,619	28,076	36,471
		24.1%	29.9%
夫婦と子供からなる世帯	28,947	30,811	37,944
		6.4%	23.2%
持家に住む世帯	55,149	82,157	89,087
		49.0%	8.4%
公営借家に住む世帯	15,378	18,115	18,077
		17.8%	−0.2%
民営借家に住む世帯	38,504	57,780	75,566
		50.1%	30.8%
給与住宅に住む世帯	14,339	13,857	14,062
		−3.4%	1.5%

出所：総務省『国勢調査』。

20 代のコーホート変化率が 1.5 を超えて最も大きく、この年齢層の転入が多いことが判明した。2000〜05 年の期間については、30〜40 代のコーホート変化率も 1.2〜1.5 の範囲にあり、転入が多いことがわかる。2000 年代前半には、主に 20〜40 代の年齢層が都心に転入してくることによって人口回帰が起こったといえよう。それに対して 2000 年代後半には、30〜40 代の転入はやや減少し、20 代の転入が目立つ状況にある。とくに 2000 年代前半において、20 代後半〜40 代の子育て期に相当する年齢層が多く転入していたことは、2000 年代後半の自然増加を引き起こす要因になった可能性がある。

世帯構成および住居形態

　年齢以外の都心居住者の属性に関して検討するため、2000〜05 年、2005〜10 年の二つの期間について、世帯構成および住居形態の増加率を計算した（表 9-1）。なお、この増加率の検討からわかることには二つの意味があることに注意が必要である。一つは、都心への転入者によって居住者の属性が変化する場合である。もう一つは、もともと都心に住んでいた居住者の属性

が変化した場合である。ライフステージが進むにつれて、世帯構成や住居形態が変化することはありえよう。そのため、増加率からみた居住者の属性の変化が、すべて転入者によるものと決めることはできない。とくに 2000 年代後半には、2000 年代前半に大量に転入した居住者の属性が、変化することを考慮しなくてはならない。この点に留意しつつ、分析を進めることにしたい。

　世帯構成の変化をみると、2000 年代前半には単身世帯の増加率が 60% を超えて目立つ。それに対して、夫婦と子供からなる世帯の増加率は 6% 程度と低い。この時期は自然増加も低いことから、夫婦のみの世帯から夫婦と子供からなる世帯へ移行することはそれほど多くないと考えられる。それに対して 2000 年代後半になると、単身世帯の増加率が鈍化する一方、夫婦と子供からなる世帯の増加率が 20% を超えた。出生率の高さを考慮すると、夫婦のみの世帯から夫婦と子供からなる世帯へ移行した世帯が少なからずいることが推測できる。

　住居の形態では、2000〜05 年の期間では持家および民営借家の増加が顕著である。一方、2005〜10 年の期間になると持家の増加は勢いがやや衰える。なお、都心へ転入してきた夫婦のみの世帯では、結婚を機に住宅取得をする世帯が多いことが報告されている（矢部 2003、289 頁）。このことから、2000 年代前半に持家を取得した夫婦のみの世帯が、2000 年代後半に子供を産み、夫婦と子供からなる世帯へ移行したと考えることもできるであろう。

就業者の産業および職業
　都心居住者の産業および職業についても増加率および構成比を計算し、都心への転入者の属性について検討したい。仕事に関しては、世帯構成や住居形態ほど短い期間では変化しないと仮定すれば、増加率や構成比の変化から都心への転入者の属性をある程度まで推測することはできよう。なお、2000〜10 年の期間には国勢調査の産業分類と職業分類が変更されており、それぞれの期間で分類項目が異なることに注意が必要である。ここでは、2000 年と 2005 年の比較には 2005 年調査時の分類項目を、2005 年と 2010 年の比

表 9-2 都心3区における産業大分類別就業者数の変化

	2000年構成比	2005年構成比	2000～05年増加率	2005年構成比	2010年構成比	2005～10年増加率
農林漁業、鉱業	0.1	0.1	−33.6	0.1	0.1	−38.2
建設業	3.2	2.7	−17.7	2.9	2.5	−6.5
製造業	7.9	7.9	−2.3	7.5	7.4	8.5
電気・ガス・熱供給・水道業	0.4	0.4	−3.5	0.4	0.4	5.8
情報通信業	6.2	7.3	16.8	8.2	10.3	38.0
運輸業	3.7	3.5	−7.6	3.6	3.7	12.2
卸売・小売業	22.2	19.4	−14.1	19.4	17.6	−0.6
金融・保険業	4.2	4.8	12.1	4.6	6.8	62.7
不動産業	6.1	5.8	−7.0	6.1	6.2	13.3
飲食店、宿泊業	12.9	10.5	−20.8	11.4	9.0	−13.4
医療、福祉	5.9	7.4	23.2	7.1	7.9	21.5
教育、学習支援業	3.2	3.7	10.7	3.6	3.9	19.3
学術研究、専門・技術サービス業	—	—	—	8.6	10.4	31.7
生活関連サービス業、娯楽業	—	—	—	3.9	3.6	0.9
複合サービス業	0.8	1.1	33.1	1.2	0.3	−68.4
サービス業	19.1	21.5	9.9	7.4	6.1	−9.3
公務	4.2	4.1	−3.6	3.9	3.8	9.5

出所:総務省『国勢調査』。
注:2000～10年のあいだに産業大分類項目に変更があったため、2000～05年の期間には2005年の、2005～10年の期間には2010年の分類項目を適用した。

較には2010年調査時の分類項目をそれぞれ適用した。

2000～05年の産業別就業者数の変化では、情報通信業、金融・保険業、医療・福祉、教育・学習支援といった産業で大幅な増加がみられる(表9-2)。一方で減少が目立つのは、建設業、卸売・小売業、飲食店・宿泊業である。2005～10年の産業別就業者数の変化でも、先の期間におけるものとほぼ同じ傾向がみえる。

職業別就業者数の変化に関して結論を先にいうと、ホワイトカラーが増える一方、ブルーカラーは減少するという傾向がみられる(表9-3)。二つの期間とも増加しているのは、専門・技術職、事務職、保安職であり、2005～10年の期間にはこれに管理職、販売職が加わる。その一方、サービス職や生産

表9-3 都心3区における職業大分類別就業者数の変化

	2000年構成比	2005年構成比	2000〜05年増加率	2005年構成比	2010年構成比	2005〜10年増加率
専門・技術職	17.7	20.3	14.1	20.1	24.1	31.9
管理職	8.1	7.8	−4.8	7.7	8.4	20.5
事務職	24.8	26.5	5.8	26.4	28.3	18.2
販売職	20.6	19.1	−7.9	17.9	16.6	2.4
サービス職	14.0	12.9	−8.7	14.9	12.1	−10.2
保安職	1.8	2.0	12.9	2.0	1.8	2.2
農林漁業	0.1	0.0	−30.9	0.1	0.0	−56.8
運輸・通信	1.6	1.4	−13.3	—	—	—
生産工程・労務職	11.4	10.1	−11.5	11.0	8.6	−14.3

出所：総務省『国勢調査』。
注：2000〜10年のあいだに職業大分類項目に変更があったため、2000〜05年の期間には2005年の、2005〜10年の期間には2010年の分類項目を適用した。

工程・労務職では減少がみられる。

都心転入者のイメージ

　市区町村別の統計資料から明らかになったことを簡単にまとめると以下のようになる。2000年代の人口回帰を社会増加と自然増加に分けると、2000年代前半には社会増加が卓越したのに対して、2000年代後半には自然増加も無視できない規模に増えていた。コーホート変化率法により転入者の年齢層を分析すると、20〜40代が多くを占め、出生率も高いことから、都心へ転入してきた世帯が子供を産んでいるため、2000年代後半の自然増加につながったことが推測できた。また、就業者の産業、職業の変化から転入者の属性を推測すると、情報通信業、金融・保険業、医療・福祉などといった産業に就く、ホワイトカラーが目立つ傾向にある。とくに管理職や専門・技術職、事務職は東京23区全体の増加よりも大きな伸びを示しており、これらホワイトカラーの職種が人口回帰の主役を担ったといえるであろう。

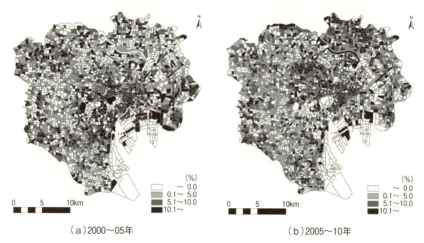

　　　　　（a）2000〜05年　　　　　　　　　　　（b）2005〜10年
　　　　　　　図9-6　東京23区における町丁・字別人口増加率
出所：総務省『国勢調査』。

3　小地域統計からみる人口回帰

　3節では、町丁・字別に集計されている国勢調査小地域統計を用いて、都心への人口回帰について分析する。市区町村別の統計データでは、都心3区のなかの細かい地区の差異はわからない。都心は細かくみると均質な空間ではなく、小地域統計を用いるとそれぞれの地区ごとの特徴が表れるはずである。

人口増加地区の特定
　2000〜05年、2005〜10年の二つの期間について、東京23区の町丁・字別に人口増加率を計算し、地図化した（図9-6）。都心および都心周辺地区において、この二つの期間ともに人口増加がみられるのは、千代田区神保町周辺、中央区、文京区本郷周辺、墨田・江東の地区である（図9-7）。港区内の赤坂、港南、麻布といった地区では2000年代前半に人口増加がみられるものの、2000年代後半には人口増加の勢いが衰えているようである。一方、

160

第9章 働きながら子育てをする場所としての東京都心

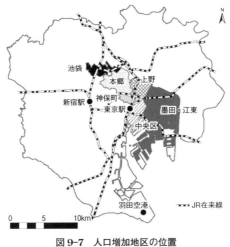

図9-7 人口増加地区の位置

2000年代後半に新たに人口増加がみられるようになったのは、池袋や上野といった地区である。ここでは、二つの期間とも人口が増加している地区に加えて、2000年代後半になって人口が増加した地区を対象に、居住者の年齢層別コーホート変化率や諸属性の増加率を計算し、人口回帰によってどのような居住者が増えたのかを検討する[2]。

2000～05年の分析

　この期間に人口増加がみられた4地区（神保町、中央区、本郷、墨田・江東）に属する町丁・字別にコーホート変化率および諸属性の増加率を計算し、4地区全体の平均を求めた。その後、各地区のコーホート変化率および諸属性の増加率について平均を求め、4地区全体の平均値よりも10ポイント以上上回る値を示した項目について抽出した（表9-4）。このことで、人口増加地区全体のなかでも各地区に特徴的な増加を示した項目について検討することができる。

　コーホート変化率からみると、本郷を除き、いずれの地区も子供とその親に相当する年齢層で社会増加がみられる。墨田・江東に関しては高齢者層の

表 9-4 人口増加地区の特徴 (2000〜05 年)

	期末年齢	世帯構成	住居形態	就業者	職業
神保町	5〜9 歳 15〜29 歳 35〜39 歳		民営借家、 給与住宅		専門・技術職
中央区	5〜9 歳 20〜59 歳		民営借家、 給与住宅		専門・技術職、 事務職
本郷	20〜24 歳				生産工程・労務職
墨田・江東	10〜14 歳 25〜29 歳 60〜69 歳	単身、 夫婦のみ、 夫婦と子供	持家	男、女	管理職、事務職、販売職、サービス職、 生産工程・労務職

出所:総務省『国勢調査』。

転入もあるのが特徴的である。世帯構成をみると、墨田・江東では単身世帯、夫婦のみ世帯、夫婦と子供からなる世帯のいずれもが顕著に増加している。住宅形態では、神保町と中央区において民営借家・給与住宅の増加が、墨田・江東では持家の増加がみられる。就業者を性別にみると、墨田・江東では男女ともに増加した。職業に関しては、神保町、中央区は専門・技術職が、墨田・江東では幅広い職業が増加している。より都心に位置する神保町・中央区と、都心周辺部の墨田・江東では人口回帰の様子が異なっていることが推察される。

2005〜10 年の分析

この期間に人口増加がみられた 6 地区について、先ほどと同じ手続きにより、地区ごとに特徴的な増加を示した項目を検討する (表9-5)。

コーホート変化率では、神保町、中央区、墨田・江東では子供とその親に相当する年齢層での増加がみられる。その一方、本郷、上野、池袋といった地域は 20 代前半の若年層の転入が顕著である。世帯構成では、神保町で単身世帯、中央区と墨田・江東で夫婦のみ世帯、あるいは夫婦と子供からなる世帯の増加がみられた。中央区と墨田・江東では、女性の就業者も増加している。職業に関しては、より都心に近い神保町、中央区では、専門・技術職、管理職の増加がみられ、都心周辺の墨田・江東では販売職、保安職が目立っ

表 9-5 人口増加地区の特徴（2005〜10 年）

	期末年齢	世帯構成	住居形態	就業者	職業
神保町	5〜9 歳 25〜29 歳 45〜49 歳	単身	民営借家、 給与住宅	男	専門・技術職、 管理職
中央区	5〜39 歳 45〜49 歳 55〜59 歳	夫婦のみ	持家、 公共住宅	男、女	専門・技術職、 管理職、事務職、サービス職、 生産工程・労務職
本郷 上野 池袋	20〜24 歳 20〜24 歳 20〜24 歳		公共住宅		
墨田・江東	5〜9 歳 15〜19 歳 25〜44 歳 50〜69 歳	夫婦のみ、 夫婦と子供	民営借家、 給与住宅	女	販売職、 保安職

出所：総務省『国勢調査』。

て増えた。中央区では、事務職、サービス職に加えて、ブルーカラーの職種である生産工程・労務職も増加するなど、幅広い職種が増えている。

都心転入者の地域差

以上の分析から、同じ人口回帰といっても、子育てを視野に入れた 20 代後半以上の世帯と、進学や就職にともなって転入してくる 20 代前半の世帯では、転入する地区が異なることが示唆される。すなわち、子供とその親に相当する年齢層の転入がみられるのは神保町、中央区、墨田・江東といった地区であり、20 代前半の年齢層が転入するのは本郷、上野、池袋といった地区である。この傾向は 2000 年代前半と後半で変わらない。また、より都心に近い神保町や中央区では、管理職、専門・技術職といった上層ホワイトカラーが増えることが特徴的である。

子供とその親に相当する年齢層が増加する地区に注目すると、中央区や墨田・江東といった地区では、同時に女性の就業者も増加していた。このことから、都心およびその周辺地域において、仕事と家事・育児を両立する女性を含む、共働きの世帯が増えていることが考えられる。つまり、大都市圏郊

外における典型的な世帯（夫はサラリーマン、妻は専業主婦）とは異なるライフスタイルが、都心において出現しているのである。次の節では、仕事と家事・育児を両立している女性について、生活時間調査からその実態にアプローチする。

4　生活時間からみる人口回帰

4節では、夫婦共働きで子育てを行う世帯について、生活時間の調査からその生活の様子を垣間見ることにしたい[3]。

調査の概要

生活時間の調査は以下の要領で実施した。株式会社インテージWEB調査モニターのなかから、1）既婚女性、2）東京都心3区（千代田区、中央区、港区）もしくは副都心2区（新宿区、渋谷区）のいずれかに居住、3）有職者もしくは専業主婦（学生を除く）、4）末子年齢が18歳以下の子供あり、以上四つすべての条件に該当する646名を抽出した。この抽出したモニターに対して、2012年1月17日（火）に調査を依頼した。回答受付期間は、2012年1月17日（火）〜23日（月）の1週間である。

生活時間の記録は、30分間隔で活動内容を回答してもらう形式とし、回答受付期間のうち直近の平日1日分の活動内容を記録してもらった。活動内容は矢野眞和の分類を参考にし（矢野 1995、45頁）、11に分類した選択肢を示したうえで、そのなかから回答してもらう形式とした。また、活動内容の記録のほかに、就業状況や世帯内での家事分担などの設問にもあわせて回答してもらうこととした。

調査の結果、回答者数は336名であり、回収率は52％であった。ここでは、そのうち有効回答とみなした305名（就業主婦120名、専業主婦185名）の回答を分析対象とする。

第9章　働きながら子育てをする場所としての東京都心

表9-6　都心部に居住する主婦の生活時間

	就業主婦		専業主婦	
	行為者率	平均時間	行為者率	平均時間
睡眠	100.0	6h 40m	100.0	6h 59m
食事	96.7	1h 38m	97.8	1h 48m
身の回りの用事	91.7	1h 44m	88.0	2h 24m
移動	85.8	1h 32m	34.2	1h 15m
仕事	100.0	6h 47m	—	—
家事	95.8	3h 24m	98.4	6h 35m
会話・交際	25.8	1h 18m	43.5	1h 57m
教育・余暇	46.7	1h 34m	58.2	2h 52m
休憩	55.8	1h 16m	62.5	1h 58m
マスメディア視聴	41.7	1h 49m	58.2	3h 1m
その他	20.8	1h 6m	25.0	2h 43m

出所：アンケート調査により作成。
注：平均時間は行為者のみの平均時間。

生活時間の概観

　就業主婦と専業主婦の生活時間を比較すると、それぞれの特徴が浮かび上がる（表9-6）。当然ではあるが、両者の大きな違いは仕事の時間である。就業主婦では平均するとおよそ7時間を仕事にかけており、この仕事の時間が、ほかの活動にかかる時間を制約することになる。就業主婦が仕事に割く時間は、東京大都市圏郊外に位置する多摩ニュータウンにおける生活時間調査と比較して、2時間ほど長い（杉浦・宮澤 2001、5頁）。約7時間と比較的長い時間を仕事に割いていることは、フルタイムで働く女性が最も多い（38.3％）ことを反映している。

　就業主婦の生活時間は、仕事以外のほとんどすべての活動において、専業主婦のそれよりも短い時間を示している。仕事以外で唯一、就業主婦のほうが専業主婦よりも長い活動時間を示しているのは移動である。就業主婦はおよそ1時間半を移動に費やしているのに対して、専業主婦は移動時間が若干短い。また、専業主婦のうち移動をした人の割合を示す行為者率は、約3割しかない。これは移動という活動が、主に就業主婦の通勤にかかわることを反映しているためと考えられる。就業主婦の移動にかける時間は約90分であるため、移動の主な部分を通勤が占めると仮定すると、通勤時間は片道約

45分となる。これは東京大都市圏郊外の多摩ニュータウンの調査結果（杉浦・宮澤 2001、5頁）と比較すると、ほぼ同じ通勤時間である。これは就業主婦に関して、都心居住と郊外居住の差は通勤時間にはさほど表れず、仕事の時間、ひいてはフルタイムかパートタイムかという就業形態の差として表れる可能性を示唆している。

　就業主婦と比べて専業主婦のほうが長い時間を示す活動のうち、最も差が大きくなるのが家事である。専業主婦は約6時間半の時間を家事に費やすのに対して、就業主婦は約3時間半と、3時間も短い。就業主婦は仕事の時間があるため、厳しい時間の制約のなかで、家事の時間を最も削っているのである。また、マスメディア視聴や、教育・余暇といった活動も、就業主婦のほうが専業主婦と比べて1時間以上短く、比較的大きな差がついている。概して、平日における就業主婦の厳しい時間制約が垣間見える結果となっている。

仕事と家事・育児の両立を支えるもの

　就業主婦の生活時間は専業主婦のそれとは大きく異なっている。就業主婦は仕事と家事・育児を両立するにあたり、どのような工夫をしているのであろうか。アンケート調査結果からみていくことにする。

　働くうえでの工夫している項目に関する質問（複数回答）では、家事の省力化を挙げる主婦が約75％を占めて一番多い結果となった。これは家事の時間が専業主婦と比べて3時間あまり短いことと関連していよう（表9-6参照）。いかに短時間で効率よく家事をこなすかが、就業主婦が仕事と家事・育児を両立するにあたり最も重要であることがわかる。[4]

　ここで夫の家事分担の状況を確認すると、子供の世話やゴミ出しといった項目を筆頭に、食料品の買い物や掃除においても夫の分担が目立つ（表9-7）。これら家事分担の状況を東京大都市圏郊外の多摩ニュータウンと比較すると（杉浦・宮澤 2001、8頁）、いずれの項目も都心居住者の夫のほうが多くの項目を分担している。一般に都心に住むことで、郊外と比べて、夫の通勤時間は減少する場合が多いと考えられる。夫の家事分担が増えていることからは、

表 9-7 世帯内における家事の分担（%）

	就業主婦		専業主婦	
	妻	夫	妻	夫
朝食の用意	94.2	13.3	97.8	4.3
朝食の後片付け	91.7	15.0	98.9	3.8
夕食の用意	98.3	15.0	100.0	4.3
夕食の後片付け	92.5	19.2	97.8	13.5
洗濯	95.8	15.0	98.9	10.3
掃除	92.5	27.5	98.9	13.5
食料品の買い物	97.5	30.0	99.5	23.8
ゴミ出し	72.5	45.8	77.3	48.1
子供の世話	99.2	48.3	98.4	48.6

出所：アンケート調査により作成。

この減ったぶんの通勤時間が家事の時間に割かれていると推測することもできよう。

働きながら子育てをする場所としての都心

　本章では、2000年代以降の東京都心部における人口回帰について、都心居住者に焦点を当ててその実態をみてきた。人口回帰が始まって20年が経過したことでみえてきた光景は、都心へ転入した世帯が都心で子供を産み育てているというものであった。かつて大都市圏の郊外化が進んでいた頃には、都心は働く場所として機能的に特化し、子育ては主に郊外でするものであった。依然として単身世帯の流入はあるものの、人口回帰により、都心は子育てをする場という多様な機能をあわせもつようになっている。都心は働きながら子育てをする場としての側面をもつようになったといえよう。

　これはフルタイムの仕事と、家事・育児を両立する就業主婦の生活に反映されている。生活時間からみた都心居住者の特徴は、郊外と比べて就業主婦の仕事時間が増加したことにある。フルタイムでの雇用機会など、郊外と比べて大量かつ多様な就業の機会があることがその背景にある。また、就業主婦が厳しい時間制約のなかで仕事と家事・育児を両立するにあたり、夫の家事分担が増加していることも注目される。夫が子供とかかわる時間も、郊外と比べて増えているようである。都心居住により変化する生活時間は、夫に

関しては通勤時間の減少、家事・育児時間の増加として表れるのではないだろうか。郊外の世帯と比べた場合、都心居住により、夫婦間での生活時間の配分が再編成されているのである。

ドーナツの中心にあるクリームとは違い、都心では必ずしも甘い生活ができるとは限らないようである。しかしながら、これまでの大都市圏郊外における典型的な生活とは異なったライフスタイルが出現していることは確かであろう。ただし若干気になることは、これらのライフスタイルが、上層ホワイトカラーなど特定の階層に偏っていることであろうか。

付記

主題図の作製にはフリーの GIS ソフト MANDARA を使用した。本研究には、本書の大半の論考に共通する科学研究費補助金（基盤研究（A））のほかに、2011～13 年度科学研究費補助金（若手研究（B））「東京大都市圏における主婦の生活時間にインターネットの利用が与える影響」（課題番号：23720407、研究代表者：矢部直人）、および公益財団法人福武学術文化振興財団歴史学・地理学研究助成を使用した。

注

1) 3 位以下は、順に江東区（19.9 人）、稲城市（19.5 人）、品川区（19.2 人）、千代田区（18.5 人）、府中市（18.3 人）、江戸川区（18.3 人）、小金井市（18.1 人）、荒川区（18.0 人）となっている。
2) 国勢調査小地域統計においては、産業分類、職業分類の変更にともなった遡及集計はされていない。このため、就業者の産業については増加率を計算することができなかった。就業者の職業に関しては、分類項目に変更のあった運輸・通信と生産工程・労務職を合計して、2005～10 年の増加率を計算した。
3) この調査の詳しい分析結果については矢部（2014）を参照されたい。
4) 保育所の利用については、久木元・小泉（2013）が参考になる。

文献

江崎雄治（2006）『首都圏人口の将来像──都心と郊外の人口地理学』専修大学出版局。
香川貴志（2014）「都市で暮らす象徴としての「都心居住」」『地理』第 59 巻 4 号、14-22 頁。
久木元美琴・小泉諒（2013）「東京都心湾岸再開発地におけるホワイトカラー共働き世帯の保育サービス選択──江東区豊洲地区を事例として」『経済地理学年報』第 59 巻 3 号、328-343 頁。
久保倫子（2014）「東京湾岸地域のタワーマンションの隆盛と住民の暮らし」『地理』第 59 巻 4 号、23-31 頁。

杉浦芳夫・宮澤仁（2001）「美しが丘の主婦たちは幸せか？——多摩ニュータウン南大沢地区の主婦の生活時間調査から」『理論地理学ノート』第12号、1-17頁。
平山洋介（2006）『東京の果てに』NTT出版。
宮澤仁・阿部隆（2005）「1990年代後半の東京都心部における人口回復と住民構成の変化——国勢調査小地域集計結果の分析から」『地理学評論』第78巻13号、893-912頁。
矢部直人（2003）「1990年代後半の東京都心における人口回帰現象——港区における住民アンケート調査の分析を中心にして」『人文地理』第55巻3号、277-292頁。
矢部直人（2014）「東京都心部に居住する子どもをもつ就業主婦の生活時間——インターネットの利用が及ぼす効果の分析を中心にして」『地学雑誌』第123巻2号、269-284頁。
矢野眞和編（1995）『生活時間の社会学——社会の時間・個人の時間』東京大学出版会。
山神達也（2003）「日本の大都市圏における人口増加の時空間構造」『地理学評論』第76巻4号、187-210頁。

（矢部直人）

第10章
大都市圏郊外の高齢化とまちづくりの課題

1　日本の大都市圏における高齢化

大都市圏の変化と高齢化

　日本において高齢化は地方圏で先行した現象であったが、1970年代からは大都市圏の都心部と都心周辺部（以下、あわせて都心地域と呼ぶ）でも進行した。郊外化の過程にあった当時の大都市圏では、青壮年層は郊外に住宅を求めて都心地域から転出し、また都市圏への転入に際してはじめから郊外での居住を選び、そこでいわゆる標準家族を形成した。一方、都心地域では、人口の減少と中高年のみの世帯の滞留により高齢化が進んだ。

　しかし、1990年代中盤に都心回帰が趨勢になってからの大都市圏では、郊外で青壮年層の流入が減少すると同時に、高度経済成長期とその前後の時期に郊外に居住した世代が高齢期に入り、高齢化は郊外においてこそ速いスピードで進んでいる。国立社会保障・人口問題研究所の将来推計人口によると、大都市圏の高齢者は今後も増加し、2035年には全国の高齢者の半数以上（50.9％）は三大都市圏の都府県民であると予測されている（国立社会保障・人口問題研究所 2013）。

　高齢化をめぐって発生する諸問題への取り組みは、深刻な高齢化に直面する日本の大都市圏、とくにその郊外において大きな課題である。本章では、

地域統計や将来推計人口、現地調査の結果を用いて、三大都市圏における高齢化の進行状況とそれをめぐる諸問題を明らかにすること、またすでに高齢化が進んでいる郊外住宅地において先駆的に取り組まれている住環境整備と生活支援活動を紹介し、超高齢かつポスト成長時代の大都市圏郊外におけるまちづくりの課題について論じることを目的とする。

地域統計でみる三大都市圏の高齢化

図 10-1 の上段と中段に、国勢調査の結果より三大都市圏における 1990 年と 2010 年の市区町村別高齢化率（65 歳以上人口の割合）を示した。ここでの都市圏は、本書 2 章の基準にならい、東京大都市圏では東京都区部、さいたま市、千葉市、横浜市、川崎市、名古屋大都市圏では名古屋市、京阪神大都市圏では大阪市、京都市、神戸市と、1990 年から 2010 年までに実施された 5 回の国勢調査においてそれらの都市への通勤率が一度でも 5% を超えた自治体から構成されるものとした。

こうして画定された各都市圏における 1990 年の高齢化率は、東京大都市圏が 9.3%、名古屋大都市圏が 9.9%、京阪神大都市圏が 10.4% であったが、都市圏内では都心地域と遠郊外の自治体で高齢化率は高く、そのあいだの近郊外の自治体で同値は低いという地域差があったことを図 10-1 上段の地図は示している。1990 年はバブル景気終焉の前年であり、大都市圏では 1980 年代中盤からの地価高騰により郊外化が加速した時期であった。郊外化の過程で都心地域において高齢化が進むメカニズムは、先に述べたとおりである。

しかし、その後の 20 年間には近郊外の自治体で高齢化が進んだ。各都市圏の 2010 年の高齢化率が 20.3%、20.8%、22.3% であったことに照らしてみても、それらの値を上回る自治体は近郊外において目立つようになった。2010 年までの 20 年間に高齢化率が大きく上昇（14 ポイント以上）した 21 の自治体のうち、15 の自治体は東京大都市圏と京阪神大都市圏の近郊外に位置しており、1950 年代末から 1970 年代前半にかけて住宅団地の入居が行われた私鉄沿線（京阪電気鉄道沿線の大阪府守口市、同枚方市、同寝屋川市、同門真市や、南海電気鉄道沿線の同大阪狭山市、同河内長野市、西武鉄道沿線の東京

第 10 章　大都市圏郊外の高齢化とまちづくりの課題

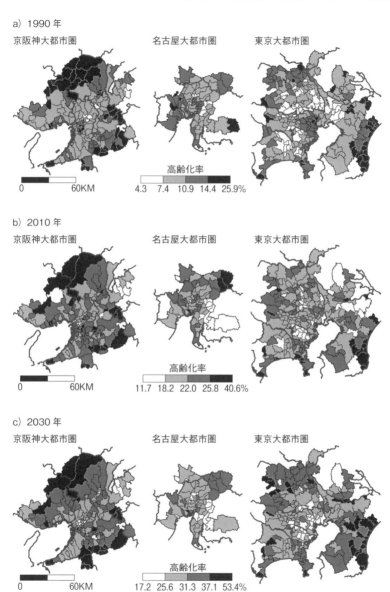

図 10-1　三大都市圏における高齢化の進行

出所：1990 年と 2010 年は国勢調査、2030 年は国立社会保障・人口問題研究所（2013）により筆者作成。

都東大和市や同清瀬市、同東久留米市など）や大規模ニュータウンの自治体（多摩ニュータウンが所在する東京都多摩市）であった。逆に高齢化率の上昇幅が小さかった（5 ポイント未満）自治体は、東京と大阪の都心区であった（東京都千代田区、同中央区、同港区、大阪市中央区、同西区）。

　既述のように日本の大都市圏では、1990 年代中盤から都心回帰が趨勢となった。都心地域の高齢化は、それまで大きく超過していた人口流出が弱まり（川相 2005）、そこにとどまる青壮年層が増えたため相対的に弱まった。都心地域と対照的に郊外では流入人口が減少し、郊外化が終焉する様相のなかで、高度経済成長期を中心とした時期に郊外に住むこととなった団塊世代とその前後の世代が高齢期をむかえたことから高齢化が進行した。

深刻化する大都市圏郊外の高齢化

　もちろん都心地域においても高齢者数は増えており、高齢化は大都市圏全体の問題といえる。しかし、郊外における高齢者数の増加は、都心地域のそれを大きく上回る。図 10-2 に、先に画定した三大都市圏における高齢者数の推移を各都市圏の中心都市（大阪市と名古屋市、東京都区部）と主な政令指定都市、それ以外の郊外に位置する自治体に分けて示した。いずれの都市圏でも、1990 年から 2010 年までに郊外自治体で高齢者の増加が顕著であったことがわかる。さらに、図中の政令指定都市は大阪と東京の郊外としての性格も有することから、京阪神大都市圏と東京大都市圏では高齢者の増加に対する郊外の寄与はより大きいといえる。

　図 10-2 には、国立社会保障・人口問題研究所の将来推計人口より 2030 年の高齢者数も示した（国立社会保障・人口問題研究所 2013）。郊外における高齢者の増加は今後も続き、主な政令指定都市を郊外に含めると、2030 年までの 20 年間に三大都市圏で増加が予測される 422 万人あまりの高齢者のうち 80.1% は郊外における増加とされる。2030 年には三大都市圏の高齢者のうち 78.3% は郊外居住者とされ、高齢化率が 30% を超える自治体のほとんどは郊外にみられることになると予測されている（図 10-1 下段）。

　さらに、高齢者を 74 歳までの前期高齢者と 75 歳以上の後期高齢者に分け

第 10 章　大都市圏郊外の高齢化とまちづくりの課題

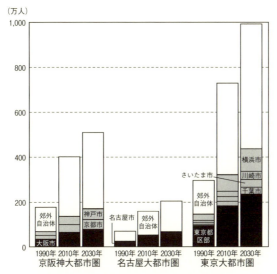

図 10-2　三大都市圏における高齢者数の推移

出所：図 10-1 と同じ。

てみると、2010 年の三大都市圏において後期高齢者（555 万人あまり）は、前期高齢者（723 万人あまり）を 167 万人下回っていたが、2030 年には前期高齢者（663 万人あまり）を 373 万人上回る（1036 万人あまり）と予測されており、後期高齢者の増加数 481 万人のうち 82.7% は郊外における増加とされる。

2　高齢化が進む郊外住宅地の現状

高齢者のみの世帯の増加

　図 10-3 は、2010 年国勢調査の町丁・字等別集計を用いて、三大都市圏における一般世帯に占める高齢者のみの世帯の割合を地図化したものである。ここでは、実質的な都市域として 2010 年国勢調査の人口集中地区（DID）と重なる町丁または人口密度が 4000 人／km^2 以上の町丁を表示した。高齢者のみの世帯が多い町丁は、いずれの都市圏でも中心都市と主な政令指定都

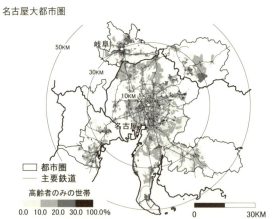

図 10-3　三大都市圏における高齢者のみの世帯の分布（1）

出所：2010年国勢調査小地域（町丁・字等別）集計。

市の都心周辺部にみられるが、郊外にも当該町丁は散見される。郊外でその割合が30％を超える町丁は、郊外に位置する中小都市の中心市街地のほかに、1960年代から1970年代に入居が始まった計画開発住宅地や集合住宅団

第 10 章　大都市圏郊外の高齢化とまちづくりの課題

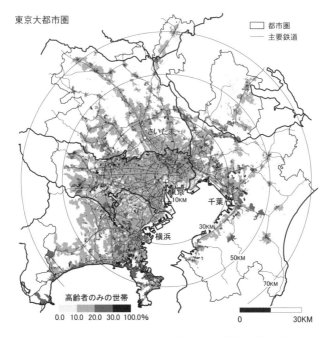

図 10-3　三大都市圏における高齢者のみの世帯の分布（2）
出所：2010 年国勢調査小地域（町丁・字等別）集計。

地に該当する。具体的には、京阪神大都市圏では阪神間の北摂地域や京阪間の北河内地域、大阪府南部の南河内地域や泉北地域、京阪奈丘陵地域、京都府の洛西から洛南地域に、名古屋大都市圏では名古屋東郊の尾張丘陵地帯に、東京大都市圏では神奈川県の三浦半島から東京都南多摩地域にかけての丘陵地帯や同北多摩地域から埼玉県の入間地域、千葉県の東葛地域、千葉市北部の下総台地上に当該町丁がみられる。さらに、集合住宅団地を含む町丁では、高齢の単独世帯だけを取り上げてみてもその割合は 20% を超えるところが多い。

　以上のように大都市圏の郊外住宅地でも高齢者のみの世帯が多くなっており、それにともない生活の個別化・個人化が進んでいる。近年注目されている居住形態である別居子との近居に関しても、2000 年代に入り当該世帯の割合は低下する傾向にある（鈴木 2014）。ゆえに、介護の必要性や日常生活

に支障が生じた場合、外部の福祉サービスや生活支援に頼らざるをえない高齢者は増えている。また、居住地の近くに友人が少ない男性高齢者や親密な社会関係を近隣において形成する指向が弱い集合住宅に住む高齢者は社会的に孤立しやすい。その延長線上に孤独死の問題がある（中沢・淑徳大学孤独死研究会編 2008）。たとえ夫婦で暮らしていても、親族や地域社会から孤立し、共倒れとなって発見される事例がある。高齢者のみの世帯が増えた郊外住宅地では、社会的孤立と孤独死を予防するための支援を含めて、福祉サービスと生活支援の充実が必要である。

住宅をめぐる問題

　身体機能の低下や障害をきっかけに住戸内外の段差が障壁（バリア）となり、日常生活に制限を受けることがある。その危険性は高齢期においてより高まる。都市再生機構や自治体が管理する集合住宅のうち築年数が古いものはエレベーターのない建物が多く、現在そのような住宅に暮らす高齢者が増えている。階段の昇降は、高齢者の体力維持につながるといわれる一方で、日常生活の支障や社会的孤立の原因にもなるため、老朽化への対策とあわせてバリアフリーの観点から住宅の改善・改良が求められる。

　郊外の住宅地では空き家も増えている。図10-4 に、1998年と2008年の住宅・土地統計調査より、三大都市圏における空き家数を都心（大阪市役所、名古屋市役所、旧東京都庁）からの距離帯別に示した。この10年間に東京大都市圏の都心から20〜40km、京阪神大都市圏の都心から10〜20kmと30km以遠の範囲で空き家は大きく増加している。それは、郊外で高齢者のみの世帯が多い町丁の分布（図10-3）とも重なる。空き家は、高齢者がこれまで暮らしてきた住宅での生活が困難になって福祉施設に入所したり、別居子宅に転居したり、または死亡した場合に相続人がいないか、相続人がいてもその住宅に住まないなどを理由に発生する。

　空き家は、適正管理が困難になると多岐にわたる外部不経済を周囲にもたらすため、地域社会に深刻な問題として受け止められている。それは、草木の繁茂と害虫・害獣の発生、不法投棄や火災、犯罪の誘発による治安や安全

第10章　大都市圏郊外の高齢化とまちづくりの課題

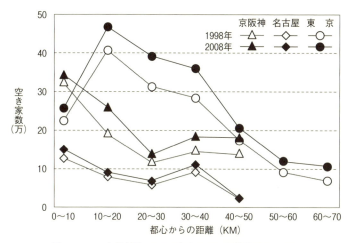

図10-4　三大都市圏における都心からの距離帯別空き家数
出所：住宅・土地統計調査。

写真10-1　草木が繁茂した空き家（神奈川県横浜市）
出所：著者撮影（2012年9月3日）。

性の低下、さらに景観や地域イメージの悪化などである（国土交通省 2009、写真10-1）。現在、空き家の利活用または除去が模索されており、国による公的支援の整備や自治体における関連条例の制定が進められているが、所有者の所在不明や更地化による固定資産税の上昇、個人資産に対する行政指導の制約など、取り組みを進めるうえで大きな課題を抱えている。

写真 10-2　スーパーマーケット閉店後の空き店舗（大阪府吹田市）
出所：著者撮影（2012年9月29日）。

生活関連施設の減少

　高齢化の進行、さらに人口の減少は、地域内の購買力を低下させる。たとえば2012年の家計調査年報によると、高齢の単独世帯におけるひと月の平均消費支出額（14.5万円）は、世帯主が40歳代前半の4人世帯（31.0万円）の約半分であった。購買力の低下は、住宅地ならびにその近隣において小売店舗などの生活関連施設が減少する一因になる（写真10-2）。参考として商業統計調査の立地環境特性別集計をみてみる。もちろんすべての住宅地で高齢化が進んでいるわけではないが、2007年までの5年間に三大都市圏（ここでは東京都、埼玉県、千葉県、神奈川県、愛知県、岐阜県、三重県、大阪府、京都府、兵庫県、奈良県から構成されるとした）で減少した約7万の小売業事業所のうち60.6％は、住宅地背景型の商業集積地区（商店街）ならびに住宅地区の事業所であった。

　高齢化によりモビリティの低い住民が増えると同時に小売店舗が減少するにおよび、買物困難者の増加が危惧されている。小売店舗だけでなく、サービス施設や公共施設、診療科目によっては医療施設の閉鎖もみられる。さらに郊外に多い傾斜地や丘陵地に開発された住宅地では、屋外の坂や階段が高齢者の外出時の障壁となっている。生活関連施設の喪失やそこへの近接性の

第10章　大都市圏郊外の高齢化とまちづくりの課題

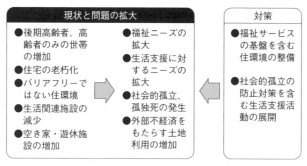

図10-5　大都市圏郊外における高齢化をめぐる諸問題と対策

低下は、社会活動や交流機会への参加制限につながり、高齢者の社会的孤立を助長する。また、遊休施設は空き家と同様に外部不経済をもたらす恐れがあるため、適切な管理や利活用が求められる。

3　高齢者のための住環境整備と生活支援の取り組み

高齢化をめぐる諸問題と地域包括ケアシステム

　これまで現状をみてきた大都市圏郊外の高齢化とそれをめぐる諸問題について図10-5に整理した。これらの問題に関して大都市圏の郊外住宅地で先駆的に取り組まれている対策を紹介する。しかしその前に、日本におけるこれからの高齢者福祉の体制とされる地域包括ケアシステムについて説明し、上の問題群を位置づけておくことは有意義であろう。

　地域包括ケアシステムとは、居住の安定化を基盤として、高齢者が住み慣れた地域で暮らし続けられるように、介護、医療、保健サービスを日常生活の場で適切に提供する体制のことである（地域包括ケア研究会 2009）。その構築には、介護の拠点整備、介護と医療の連携強化、介護予防の推進といった専門的支援のみならず、居住の安定化を図るために多用な生活支援（見守り、配食、買い物支援など）の提供と適切な住宅の供給や既存住宅のバリアフリー整備が求められる。地域包括ケアシステムの考え方においては、このような地域福祉のシステムを日常生活圏域と呼ばれる小地域（中学校区やおおむね30

分以内で移動可能な範囲）ごとに構築するのである。

　図10-5の内容と照らしあわせてみることで、地域包括ケアシステムの構築は大都市圏の郊外住宅地においても喫緊の課題であることがわかる。後期高齢者ならびに高齢者のみの世帯の増加にともない、福祉にかかわる専門的支援ならびに生活支援に対する地域のニーズは拡大する。それを直接助長するものがバリアフリーではない住環境、生活関連施設の減少であり、さらにそれらは高齢者の社会活動を制限し、近隣の交流機会を喪失させ、高齢者の社会的孤立を強めることで、間接的にも支援ニーズを拡大させることになる。それに対して、バリアフリーではない住宅や空き家、遊休施設を改修したうえで、高齢者向けの住宅や福祉サービス、生活支援の拠点として有効活用することが期待される。

　そこで以下では郊外住宅地においてみられる先駆的な取り組みを、地域包括ケアシステムの考え方を念頭におき、福祉拠点を含む住環境の整備と社会的孤立対策でもある生活支援活動に大別して紹介する。

住環境整備の取り組み

　住宅の改修に関しては、介護保険の要介護・要支援認定を受けていれば、手すりの取り付けや段差の解消、便器の洋式化などにあてることができる住宅改修費（上限20万円）を受給でき、独自給付を行っている自治体もある。しかし、住宅を改修したとしても在宅生活が困難になる高齢者は多い。住宅の問題を根本から改善するには建て替えが選択肢となる。とくに大都市圏では1950年代末から1970年代にかけて入居が行われた集合住宅のうちエレベーターのない中層住宅の建て替えが注目を集めている。建て替え対象住宅は郊外にも多く、たとえば都市再生機構が2007年に発表した「賃貸住宅ストック再生・再編方針」にもとづくと、全国の建て替え対象団地（一部建て替えの団地を含む）の半数に相当する31団地は三大都市圏郊外の団地である。

　建て替え後の住宅は、エレベーターが設置されたバリアフリーの住宅となり、団地には建て替えにあわせて福祉施設が新設されるケースも多い。さらに、建て替えにより供給される新しい住宅は、別居子が老親との近居を実現

するための選択肢になることから若い世代の転入も期待できる（香川 2014）。しかし、建て替えに関しては、分譲住宅では費用負担と合意形成の困難さ、賃貸住宅では家賃上昇が問題になり、さらには既存コミュニティの破壊や建て替えにともなう環境の変化自体が負担になるなど、住民生活への影響も大きい（増永編 2008）。また、費用や収益性、環境への負荷の観点からすべての住宅において建て替えを行えるものでもない。建て替えそのものを否定するわけではないが、人口減少にともない余剰化する住宅や遊休化する施設を改修し、使い続けていく方法を考えることも重要である（上野・松本 2012）。それは外部不経済をもたらす土地利用発生の抑制につながる。

　たとえば都市再生機構は、建て替えの一方で遊休化した集合住宅を改修し、テーマ性をもった住宅として再生する実験に取り組んでいる。東京都日野市で都市再生機構が管理する集合住宅団地では、その一画で集合住宅を民間企業の参入により改修し、シェアハウスや菜園付き賃貸住宅、介護事業所併設の高齢者向け住宅として供給しており、幅広い年齢の人々が暮らす住宅団地に再生する試みが行われている（写真10-3）。また、空き家や空き店舗の活用としては、高齢者の社会的孤立を防ぐための交流の場として次に紹介するような居場所づくりのための利用やサロンの開設、介護サービスの拠点として訪問介護の事務所やデイサービス施設の開設事例が多い。

　さらに近年注目されている取り組みは、空き家のグループホームやサービス付きシェアハウスなどへの転用である（日本建築学会編 2012）。大都市圏では入所型の福祉施設が圧倒的に不足している。しかし、敷地の確保や財源に関する制約、より将来の時点における高齢者の減少を考えると、新設数の大幅増は現実的ではない。そこで、既存ストックの有効活用による高齢者向け住宅の供給が居住安定化の観点から期待される。ただし、住宅の床面積によっては用途変更において建築基準法が定める規則などへの適合が求められる。そのために改修費用がかさむ住宅や構造上適合が困難な住宅も多く、期待ほどに取り組みは拡大していない。そこで、安全性確保との兼ね合いはあるものの、規制緩和により空き家の転用を進めようとする自治体も現れてきた。また、郊外の事例ではないが興味深い試みとして、集合住宅内で増える

a）シェアハウス

b）介護事業所併設の高齢者向け住宅

写真 10-3　集合住宅の再生プロジェクト（東京都日野市）
出所：著者撮影（2012年9月2日）。

空き室を個々に改修することで、先の事例のように一棟の建物を改修するよりも費用を抑えてサービス付きの高齢者向け住宅とする取り組みがある。

生活支援活動の展開

住宅地とその近隣から小売店舗が失われるなか、モビリティに制約がある高齢者を対象とした買い物支援が、生活支援活動の一環として多様なかたちで行われている（岩間編 2013）。たとえば、埼玉県日高市の戸建住宅地では

第 10 章　大都市圏郊外の高齢化とまちづくりの課題

写真 10-4　買物送迎車（埼玉県日高市）
出所：著者撮影（2012 年 9 月 5 日）。

　スーパーマーケットが閉店し、住宅地から 2km 強の距離にある店舗が最寄りのスーパーマーケットになった。そこまでの 2 本のルートにはともに坂があり、1 本は未舗装の急な山道、もう 1 本は歩道が一部未整備の国道であり、車が運転できない高齢者は買い物に不便をかこっていた。そこで、この住宅地では、スーパーマーケットによる送迎車の運行（写真 10-4）や訪問販売、自治会による移送サービスの提供、地域の福祉団体による青空市の開催などにより支援が行われている。

　また、高齢者の社会的孤立を防止するための生活支援活動に居場所づくりやサロン活動がある。たとえば、東京都多摩市では、高齢化の進む多摩ニュータウンにおいて NPO 法人が商店街の空き店舗を借りて高齢者の居場所づくりとして喫茶店を開いている（宮澤 2010；上野・松本 2012；写真 10-5）。この喫茶店では、日替り定食や軽食、飲物を安価で提供しており、1 日当たり 50 人から 70 人の利用がある。男性の利用者も比較的多く、囲碁や将棋に興じるなど、喫茶店はまちの縁側的な場となっている。喫茶店の運営は、代表者と職員のほかに主婦と高齢者のボランティアが交代で担っている。また、自治体の助成を受けて介護予防のためのミニデイサービスにも取り組んでいる。

　高齢者に対する生活支援は、住民参加による互酬的関係にもとづく提供が

写真 10-5　居場所づくりのための喫茶店（東京都多摩市）
出所：著者撮影（2014 年 4 月 26 日）。

期待されており、上でみたように実際に多くの事例で自治会や NPO、ボランティア団体などの市民セクターが活動を担っている。一例として横浜市南部の高齢化が進んだ戸建住宅地で活動する団体を紹介する。この団体は主婦を中心に 18 年前に結成され、自治会や老人会と連携しながら地域住民を対象とした福祉情報の提供や介護に関する研修会の開催、ヘルパー派遣による生活支援活動に取り組んできた。ヘルパー派遣は、支援を提供する協力会員を募り、支援を必要とする利用会員からの申込みにもとづいて協力会員を派遣し、利用会員宅で家事支援や住宅の手入れ、介助・介護などを行うという仕組みである。現在年間の延べ稼働時間は 2000 時間を超えており、地域の高齢者の増加にともない利用は増えている。しかし、支援を提供する協力会員と団体メンバーの側でも高齢化が進んでおり、事業を継承してくれる若い会員の確保が課題である。また、団体の年間予算のうち自主財源は、協力会員が払う年会費や拠出金を含めても 4 割強にすぎない。残りは自治体からの助成金や受託費でまかなわれており、運営資金に関しても課題がないとはいえない。

4 超高齢時代に向けたストック活用型のまちづくり

　ここまで、大都市圏における高齢化と郊外住宅地の現状を明らかにするとともに、そこでの住環境整備と生活支援活動についてみてきた。現在の高齢化は、かつて地方圏で高齢化が進んだ高度経済成長期とは違う条件のもとで進んでいる。それは、人口減少をともなった高齢化であり、財源ならびに環境・エネルギーの制約が強まるなかでの高齢化である。ゆえに、人的・財源的・物的に限られた資源の制約下において高齢化への対応が求められる。この章で紹介した郊外住宅地におけるさまざまな取り組みもそれに即して、既存の物的資源、人的資源に依存したものであった。つまり、新たな資源の投入に限界があるなかで、ストックを有効に活用しようとする取り組みである。
　このことをまちづくりのレベルにおいて実践するには、前掲の地域包括ケアシステムがそうであったように、そのための仕組みをそれぞれの地域につくる必要がある。組合区画整理の施行区域を除くと、かつて郊外住宅地の多くは日本住宅公団や民間の開発業者のように単一の大きな組織により開発された。しかし、時代は変わり、地域のストックを有効活用するため、行政や専門家から企業や市民セクターまで、役割や機能が異なるさまざまなアクターの参画と水平的な協働が求められている。そのためのプラットホームを地域に形成することが現在のまちづくりの課題である（山本 2009；齊藤 2011）。
　また、まちづくりには持続性が必要とされる。とくに大都市圏郊外の市民セクターによる活動は、期待を集める一方でその持続性が問われている。市民セクターの活動において人材の確保は、活動資金の獲得とともに大きな課題である。その点、大都市圏郊外における活動は、これまで主婦や比較的若くて健康な高齢者のボランティア精神に支えられてきた（前田 2008）。しかし、女性の社会進出に加えて、後期高齢者が前期高齢者の人数を上回るほどの深刻な高齢化は、その条件を掘り崩す。一方、高齢化にともなう個人化は、同質性の高かった郊外の社会において多様な家族の存在やライフスタイルを

受容する可能性を広げるきっかけにもなると考えられる。本章では、高齢化対応の取り組みを中心にみてきたが、まちづくりの新たな担い手となりうる層を惹きつけるためにストックを活用することも検討すべきことである。

超高齢時代に向けた大都市圏郊外のまちづくりは、以上のようにストック活用型の取り組みを基調とし、それを持続性のあるかたちで定着させることが課題である。

文献

岩間信之編（2013）『改訂新版　フードデザート問題――無縁社会が生む「食の砂漠」』農林統計協会。
上野淳・松本真澄（2012）『多摩ニュータウン物語――オールドタウンと呼ばせない』鹿島出版会。
香川貴志（2014）「都市発達史的にみた日本のニュータウンの特徴と再生に向けた都市政策」近畿都市学会編『都市構造と都市政策』古今書院、77-83 頁。
川相典雄（2005）「大都市圏中心都市の人口移動と都心回帰」『経営情報研究』第 13 巻 1 号、37-57 頁。
国土交通省（2009）『地域に著しい迷惑（外部不経済）をもたらす土地利用の実態把握アンケート結果』国土交通省。
国立社会保障・人口問題研究所（2013）『日本の地域別将来推計人口　平成 22（2010）～ 52（2040）年　平成 25 年 3 月推計』国立社会保障・人口問題研究所。
齊藤広子（2011）『住環境マネジメント――住宅地の価値をつくる』学芸出版社。
鈴木透（2014）「世帯と居住状態」井上孝・渡辺真知子編『人口学ライブラリー 14　首都圏の高齢化』原書房、97-117 頁。
地域包括ケア研究会（2009）『地域包括ケア研究会報告書――今後の検討のための論点整理』地域包括ケア研究会。
中沢卓実・淑徳大学孤独死研究会編（2008）『団地と孤独死』中央法規出版。
日本建築学会編（2012）『空き家・空きビルの福祉転用――地域資源のコンバージョン』学芸出版社。
前田洋介（2008）「担い手からみたローカルに活動する NPO 法人とその空間的特徴」『地理学評論』第 81 巻 6 号、425-448 頁。
増永理彦編（2008）『団地再生――公団住宅に住み続ける』クリエイツかもがわ。
宮澤仁（2010）「郊外ニュータウンの現状と将来――多摩ニュータウンの事例から」『季刊家計経済研究』第 87 号、32-41 頁。
山本茂（2009）『ニュータウン再生――住環境マネジメントの課題と展望』学芸出版社。

（宮澤　仁）

第 11 章
千里ニュータウン内外における住宅開発の特徴とその課題

1　転機を迎えた郊外の成熟ニュータウン

大規模ニュータウンの開発前夜

　戦後復興から高度経済成長に日本社会が移行するなかで、人口分布の地域的不均衡が生じた。それは、機械化の進展を背景とした農山漁村での労働力余剰、製造業を中心とした輸出型産業の成長や内需拡大が引き起こした都市における労働力不足、そして都市と農山漁村とのあいだの所得格差など、さまざまな社会経済的要因に誘発された部分が大きい。

　都市に転入した人々は、ほどなくその受け皿としての住宅不足に直面し、それを解消するために多くの宅地開発が近郊で生じ、郊外の水平的・外延的な拡大を促した。こうした急激な宅地開発によって、アーバンスプロールと呼ばれる無秩序な市街化が各所でみられるようになった。区画整理されないままに狭隘路の周辺が宅地化し、そうした場所ではモータリゼーションの進展とともに道路渋滞が慢性化した。本来、夢を追うはずだった都市居住は、いつしか余裕のない狭い空間での日常生活へと変質していった。

　このように決して快適ではない、非常時や緊急時にはある面で危険な市街地の拡大は、早期の解決を要する都市問題として認識されるに至った。大都市地域の住宅問題の解決に向けて最初に実現をみた新しい住宅地は、地方自

治体の住宅供給公社や日本住宅公団（現・UR都市再生機構）による住宅団地であった。日本最古のニュータウン（以下の本文中ではNTと記す）である千里NTの開発よりも早い1950年代、首都圏を中心にして主に低層集合住宅（タウンハウス）や中層集合住宅からなる大規模住宅団地が相次いで建設された。計画戸数が3000戸を超える住宅団地で比較的知名度が高いものを首都圏と近畿圏から列挙すると、千葉県松戸市の常盤平（正式名称は金ヶ作、計画戸数約7600戸、1956年事業開始）、東京都日野市の多摩平（正式名称は豊田、計画戸数約5400戸、1956年事業開始）、大阪府枚方市の香里（計画戸数約6100戸、1957年事業開始）、東京都東久留米市と西東京市にまたがる団地のひばりが丘（計画戸数約3600戸、1958年事業開始）などがある（国土交通省「土地総合情報ライブラリー[1]」）。

　これらはすべて事業主体が当時の日本住宅公団であり、ひばりが丘が一団地認定事業[2]であるほかは、区画整理事業で造成された住宅団地であった。しかし、築40年を迎える頃から、これらは共通して老朽化という問題を抱えるようになった。それを克服するために、バリアフリーの観点から課題がある旧来のタウンハウスや中層集合住宅から建物更新事業（建替え事業）で高層集合住宅に変化したケースも多い（増永 2008）。ただし、常盤平では既存建物を維持する方策が積極的に行われ、ほかとは異なるストック活用の事例として注目されている。

大規模ニュータウンの誕生とその特徴

　本格的なNTの先駆けとなる大規模住宅団地は、ほかの都市圏でもいくつか造成され、都市的地域に転入してくる人々を相応に収容したものの、いっそう大規模で計画的な住宅地が希求されるようになった。こうした機運のもとに大阪北部の丘陵地で1962年に誕生したのが千里NTであり、その理念はほかでも首都圏の多摩NT、港北NT、千葉NT、中京圏の高蔵寺NT、近畿圏の泉北NTや西神NTなどとなって結実した（香川 2014、77-83頁）。

　これらのNTが旧来の大規模住宅団地と最も異なっていたのは、NT内に複数の近隣住区を設けて、各住区に小学校・商業地域・診療所地区などのコ

第 11 章　千里ニュータウン内外における住宅開発の特徴とその課題

ミュニティレベルの諸施設を設置し、こうした住区の連合体をもって NT を構成したという点である。独立した近隣コミュニティがいっそう大きな地区を構成していくという階層構造も取り入れられた。たとえば中学校は当初二つの近隣住区で共有され、地区センターは五つ前後の近隣住区の買物中心やサービスセンターとして機能した。道路では原則的に歩車分離が図られ、歩行者専用道路が車道をオーバークロスすることも日常の風景となった。本格的な NT は、都市で暮らす人々の居住地として憧れの場として軌道に乗り、各 NT は竣工から 10 数年を経ても成長を続けることがあった[3]。

ニュータウンの成熟と住宅・居住問題の顕在化

　公的資本が投下された大規模 NT はその居住環境が高く評価される傾向にあるが、第一世代が加齢しつつ残留し、成長した第二世代が地区外に転出するという人口動向を経験した。第一世代の残留は、NT の竣工当時に 20 歳代後半～40 歳代前半であった人々が次々と高齢者に組み込まれていく頃（おおむね築 30 年前後）から高齢人口の絶対的な増加に寄与し始めた。この頃、同時に第二世代の進学・就職・結婚などによる地区外転出が本格化してきたため、非高齢人口が減少し、結果として高齢人口の比率が高まった。こうして、絶対的高齢化と相対的高齢化が同時進行して急激に高齢化が進むこととなった（香川 2006、2-9 頁）。同様の傾向は程度の差こそあれ、いずれの NT においても同じく顕在化した、あるいは顕在化しつつある。

　居住者の高齢化、非高齢人口の減少はさまざまな問題を惹起させた。前者は運動能力が低下したり身体的な不自由を訴える高齢者の増加に直結し、実際に日常生活空間で不便を感じる高齢者がめずらしくなく、丘陵地を開発したためにスロープや階段が多い NT では高齢者の生活空間が狭くなる問題、風呂場など住戸内で多くのバリアが指摘されるなど、住戸の内外でさまざまな問題が生じている（上野・松本 2012、39-61 頁；香川 2015；Kagawa 2015）。また、後者にかかわって、コミュニティの人口構造のバランスが崩れたことで自治会活動や清掃活動に支障をきたすことが指摘され[4]、高齢者を支える、あるいは高齢者どうしが支え合う福祉活動が各地の NT 内でみられるように

図 11-1　千里ニュータウンと周辺自治体の位置
出所：1/200,000 地勢図「京都及大阪」（平成 17 年 2 月 1 日発行）。

なった（宮澤 2006、236-250 頁；上野・松本 2012、63-81 頁など）。

　少子高齢社会を如実に投影したような NT の姿は、住宅問題の解消のために誕生した NT がポスト成長社会において成熟した姿にほかならない。そこで生じている諸問題を少しでも緩和し、持続可能なコミュニティとして再生していく方途を模索することの重要性は、とりわけ新世紀に入ってから各界で指摘されるようになった（福原 2001；東北産業活性化センター 2008；山本 2009）。本章では現在の問題点の把握とともに、問題改善に向けて動き始めた新しい事業の紹介と評価を試みる。対象とするのは、日本最古の計画的大規模 NT として知られ、大阪府北部の吹田市と豊中市にまたがる千里 NT である（図 11-1）。

2　ニュータウン内の住宅再開発

　計画的に造成される NT では、供給された住宅の老朽化が同時的に多発す

第 11 章　千里ニュータウン内外における住宅開発の特徴とその課題

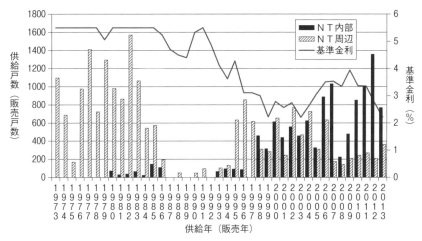

図 11-2　千里ニュータウン内外における分譲マンション供給量と公庫基準金利（新型住宅ローン、フラット 35 の金利を含む）の推移
出所：不動産経済研究所「全国マンション市場動向」（各年版）、および住宅金融支援機構や各銀行のホームページ。
注 1：千里ニュータウン外部については、千里ニュータウンに関連する地名等を持つ物件のみを集計した。
注 2：資料上の制約により、1972 年以前の販売分については集計していない。
注 3：公庫基準金利、新型住宅ローン金利、フラット 35 金利については、各年 4 月 1 日現在のものをもって代表させた。

る。そのため、建物が償還期限を迎える頃から改築による住宅再開発が NT 内の随所で行われる。その特徴を本節でみていくことにしよう。

千里ニュータウン内部における分譲マンション再開発の概況

　千里 NT の内部において分譲マンションの建設による再開発が始まったのは、1980 年である。藤白台にあった病院社宅を 4 階建て 48 戸の分譲マンションに建て替えた事例であった。このような再開発は、それから散発的に行われ、バブル絶頂の前後にいったん低調になったものの、1990 年代末から活発化した（図 11-2）。当初の手法は、企業所有の老朽化した給与住宅（いわゆる社宅）の建て替えに際して民間資本の分譲マンションが建設されるというスタイルを典型としていた。参入する民間資本は、分譲マンションメーカーと称される不動産開発企業のこともあれば、元来の給与住宅所有企業の系列不動産会社のこともある。千里 NT の完成当初、給与住宅の分布地域は空間

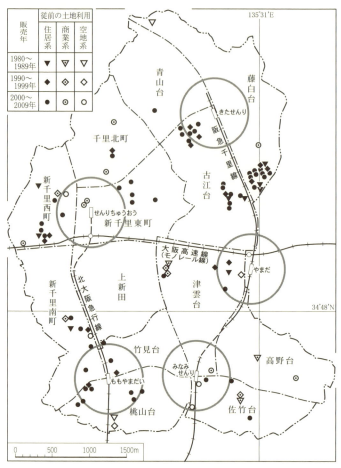

図 11-3　千里ニュータウンにおける分譲マンションの分布

出所：不動産経済研究所「全国マンション市場動向」（各年版）。
注1：図中の円は、各駅の改札口を中心にして描いた半径500mのものである。
注2：上新田（豊中市）は、千里ニュータウンの区域外である。

的に限られていたため、再開発で供給される分譲マンションも分布地域が一部に集中する傾向を示す。北千里駅の南西部、藤白台南部から古江台東部にかけての社宅街は、現在はすっかり分譲マンションの集積地となっている（図11-3）。

第 11 章　千里ニュータウン内外における住宅開発の特徴とその課題

再開発のさまざまなかたち

　再開発で供給された分譲マンションは、その立地場所の特徴から、大きく3種に分けられる。一つ目は、給与住宅の建て替え事業で供給されたもので、立地場所は駅から徒歩10分以上を要する物件が多い。それは給与住宅の集積地域の位置的な特性が反映されたものである。その建設は、NT完成時に新築であった給与住宅が償還期限を迎え始めた1990年頃からさかんになった。この時期が折しもバブル崩壊のタイミングと重複し、企業が所有資産の売却で経営体質の立て直しを企図したことも再開発を促す要因となった。

　二つ目は、NT造成時から残されていた斜面緑地などの私有の留保地が有効活用された事例である。これも企業体質の強化の一環としての側面が強いため、1990年以降に活発化した。この手法で供給された分譲マンションは、いうまでもなくスクラップ・アンド・ビルドによる改築ではなく、土地利用転換による新築物件である。立地場所は、駅から至近のものもあれば、駅から多少の距離をもったものまで多様である。

　三つ目は、公共施設や公共住宅の建て替えに際してPFI事業[5]の一環として供給された分譲マンションである。公共建物の改築に際しての資金を民間資本の活用というかたちで調達できるPFI事業は、長期的な財政難に苦しむ公共組織にとって時節を得た救世主となった。公共資本で建築・分譲された各住区の近隣センター、旧・日本住宅公団の集合住宅、地方自治体の住宅供給公社による公社住宅や公営住宅など、さまざまな集合住宅がその対象となった。これらは一般に利便性が高い場所に配置されていたため、分譲マンションとしても立地場所のアピールがしやすく、千里に限らず今後のNT再開発で多用されることは間違いない。ただ、一部では供給過多が生じており、NT内の分譲マンションが総じて割高であることも手伝って、竣工から数年を経て空室が残っている物件も散見される。

3　ニュータウン周辺の住宅開発

　計画的に造成されるNTでは、その環境を維持することを目的として、建

造物が償還期限を迎えるまでは、厳しい開発統制がなされる。したがって、いかにNTの評価が高くなろうとも完成直後から当面のあいだ、実質的にNT内では再開発に着手できない。一方で、NT居住を希望する住宅需要者は一定数存在するので、空き家に転入してくる一部の世帯を除いては希望がかなわない事態が生じる。そこで、こうした人々の需要に応えるため、NT周辺の未利用地が開発され、戸建住宅やマンションが建設されるようになった。本節では、統計資料が得やすい分譲マンションに限定するが、その供給過程と特徴を記述する。その際、何をもってNTとの関連を見出すのかという問題が生じる。そこで、分譲マンションの名称の一部にNTに関連する地名・駅名などが含まれている物件を対象とした。

千里ニュータウン周辺における分譲マンション供給

　すでに図11-2で図示したように、千里NT周辺では、NTに関連する地名等をもつ分譲マンションが1970年代から多く供給されてきた。もちろん、その背景には千里NT内の再開発が原則的に建造物の償還期限まで禁じられていたことがある。つまり、NT内の住宅が飽和状態になって以降、新たにNTでの居住を希望する住宅需要者の多くはNT周辺地域において住居を模索する必要に迫られた。供給サイドはそれをビジネスチャンスと捉え、ネーミングでイメージ形成を図りやすい分譲マンションには、競ってNT関連の地名等が付与された。

　しかし、NT周辺地域における分譲マンション好況は、1980年代後半に顕在化したバブル景気、そしてその崩壊後まで影響を及ぼした地価高騰により沈静化した（図11-2）。バブルの負の影響は、NT内はもちろん、京阪神大都市圏内では住宅地としての評価が相対的に高い北摂地域のほぼ全域にわたる地価高騰となって顕在化し、バブルが絶頂を迎えた1990年前後には北摂地域全域で分譲マンション供給の退潮が鮮明になった（香川 1993、686-688頁）。その後、1990年代の半ば以降は公庫基準金利の低下も追い風となり、ふたたびNT周辺で供給量が増加に転じた。新世紀に入ってからは公庫基準金利が若干の上昇傾向を示したこと[6]、前節で述べたNT内の再開発が徐々に

第 11 章　千里ニュータウン内外における住宅開発の特徴とその課題

増えてきたことなどに影響され、NT 周辺の分譲マンション供給は沈静化している。

越境する地名ブランド

　前項で分析対象とした NT 周辺の分譲マンションは、何らかのスタイルで NT 関連の地名等を名称に付与された物件である。これらの名称はいかなるもので、どのように展開しているのだろうか。住宅に限らず業務機能についても、およそ経済活動に関連したものには地域をイメージできる地名等を名称に含め、その名称によってイメージアップを図るのが常である。たとえば東京都中央区銀座の隣接地域に立地する企業であっても「株式会社○○　銀座支店」と称することが頻繁にある。大学などの教育機関でも同様のことが経営戦略として援用されている。このように考えれば、地名等の広がりを観察することは、われわれの生活空間の構造を考えるうえで効果的な手段となりうる。

　ここでは図 11-2 で使用したデータを用いて、NT 周辺で供給された分譲マンションの名称を都市別に分類・集計した。その結果をまとめた表 11-1 を観察すれば、地名ブランドの活用によってイメージアップが図られていることを読み取れる。しかも、図 11-1 と対照すれば、都市ごと（方向ごと）にイメージ戦略で使用される地名等に特徴を発見できる。本書では紙幅の都合もあり詳細の記述は別稿に譲るが、NT 周辺に溢れ出た地名等の特徴を簡潔にまとめれば次のようになる。

　繰り返しになるが、千里 NT は吹田市と豊中市にまたがるということを指摘しておく。つまり、吹田市と豊中市については、いずれも NT 外の地域を本項では対象にしている。まず吹田市では「千里」という地域名称が約 70％を占める。これは NT 周辺地域であっても、吹田市北部の丘陵地域が「千里丘陵」という地域名で認識されていることを巧みに利用したものであると考えられる。これに次ぐ「南千里」は地域名であるとともに阪急千里線の駅名でもある。鉄道駅は中間駅よりも始発駅のほうが通勤利用を前提とした場合にブランドイメージが高くなるのが通例であるが、やはり地域名と駅名を

197

表 11-1　千里ニュータウン関連の地名等をもつ周辺地域の分譲マンション

都市名	NT関連地名等	1973～79年	1980～89年	1990～99年	2000～09年	2010～13年	1973以降累計（都市内構成比）
吹田市	北千里	176	—	729	32	—	937（7.3）
	千里	3,784	2,073	858	2,199	329	9,243（71.6）
	千里万博公園	—	216	377	303	—	896（6.9）
	高野台	—	—	48	87	—	135（1.0）
	藤白台	—	19	—	—	—	19（0.1）
	南千里	867	208	312	93	64	1,544（12.0）
	桃山台	130	—	—	—	—	130（1.0）
豊中市	千里	835	966	28	—	—	1,829（30.4）
	千里中央	364	1,221	252	630	443	2,910（48.3）
	南千里	16	—	—	—	—	16（0.3）
	桃山台	181	375	416	250	43	1,265（21.0）
箕面市	北千里	—	193	—	—	—	193（16.5）
	千里	—	57	21	—	—	78（6.7）
	千里中央	—	—	—	815	84	899（76.8）
茨木市	千里	—	613	—	—	—	613（100.0）

出所：不動産経済研究所「全国マンション市場動向」（各年版）。

兼ねている「北千里」は「南千里」よりも構成比が低い。これは北千里駅周辺が大阪大学近傍を除いてほぼNT内に包含されてしまうからである。

　豊中市では、NT内部に島状に残った上新田地区があり、当地がNT周辺での分譲マンション供給の主戦場になったため、徒歩圏内の駅である「千里中央」（約50％）や「桃山台」（約20％）が地名ブランドとして使われている。駅名や地区名よりも広い範囲で用いられる地域名では「千里」が約30％を占めている。しかし、その構成比は、吹田市におけるそれと比べれば数値が高くない。豊中市では、「千里」と同様に「豊中」という地名ブランドがあるため、それが影響して使用頻度が下がったことも想定できる。

　箕面市は同市の南部が千里中央駅からバスでアクセスする地域になっているためか、始発駅の名称である「千里中央」が圧倒的なシェア（約75％）を占めている。事実「千里中央」という駅名を用いた分譲マンションは、千里中央地区から真北に伸びる新御堂筋（国道423号線）沿道やその周囲に多く

集積しており、千里NTからの連担市街地を形成している。

このように千里NT周辺では、NT内部から溢れ出した地名が分譲マンションのイメージアップや宣伝戦略で活用されている。それは千里NTに関連する地名ブランドが住宅需要者のあいだで定着していることを物語っており、まさに「越境する地名ブランド」という状況を指摘できる。同様の現象は、全国各地のNTに限らず、旧来の高級住宅地や評価が高い業務地区でも生じうる。企業の経営戦略を解明していく観点として、地名研究はその由来や歴史だけではない領域にまで拡大していける可能性を秘めている。

4　少子高齢社会における郊外ニュータウンの課題

いまや少子高齢化社会は「化」が削除されて少子高齢社会となった。高度経済成長期に計画的に造成されたNTは、完成当初こそ周辺地域や日本全国の平均値よりも高齢人口比率が低かったものの、その後は第一世代の滞留と加齢、第二世代のNT外への転出によって急速に高齢人口比率を高めた。同時にNTでは住宅や地域内の諸施設の老朽化も進行している。

このようにNTは居住者と住まいの両方で「老い」を顕在化させており、仮に放置すればその状況が近い将来にいっそう深刻化することが必至である。そこで本節では、①老朽化した住宅にみられる問題点の指摘、②とくに高齢居住者に対するバリアフリーやユニバーサルデザインのあり方、③老親の介護、これら三つに焦点を当てて若干の考察を試みる。そうすることで、ハードとソフトの両面からの取り組みが求められる住環境マネジメント（山本 2009、111-167頁）に多少なりとも貢献が果たせよう。

老朽化した住宅をどうするのか

高度経済成長期に建設された大規模NTは、こんにち建物の償還期限を過ぎたかむかえつつあり、住宅の老朽化が高齢人口の増加とともに昨今のNTの特徴となっている。

とくに注目されるのが、NT完成当初から存続している中層集合住宅であ

る。これらの大部分は、いわゆる階段室型の5階建て構造であり、そこには当然ながらエレベーターが設置されていない。他の住宅団地のごく一部では、階段室型の中層集合住宅にエレベーターの設置工事をしたケースもある。しかし、階段室型の5階建て集合住宅は、1階段当たり10戸の住戸しかない（スターハウスの場合は多くの場合15戸）のが通例であり、エレベーターの追加設置を図ろうにも費用対効果が相対的に低い。住棟そのものが老朽化していることもエレベーターの追加設置のための条件をいっそう悪くしている。管理機関（UR都市再生機構や地方自治体の住宅供給公社など）の財政的な余裕のなさも手伝って、中層集合住宅の建て替えは一部にとどまっており、エレベーター設置工事についても極めて難しい状況にある。

　また、一部の地区では、建て替えが確定するまで空室が出ても新規入居募集をしない措置もとられており、近い将来に集合住宅で空き家の頻発が懸念される。空き家の増加は、戸建の持家を中心として全国各地の郊外住宅地で社会問題となっており（吉田2010；吉田2013；由井・杉谷・久保2014）、この問題は分譲マンションでも生じうることが指摘されている（米山2012；牧野2014）。空き家については、総じて悲観的・否定的な評価が多いが、楽観的な未来予想図を描いてそれを目指すというスタンス（吉田2010、137-142頁）とともに、国家全体の人口構成や社会構造をふまえた視点が不可欠である[7]。

　他方、分譲タイプの中層集合住宅は、老朽化が顕在化してから各コミュニティで建て替えの議論がもたれ、そのうちのいくつかはPFI事業の導入に先駆けて建て替え事業を実施した。原初プランで容積率に余裕を残していることが活用されて、コミュニティ全体で容積率を向上させ、余剰分で建設された住戸を販売し、その利益が建て替え費用の一部に充当された。新世紀に入ってからはPFI事業の導入が本格化し、公営住宅や近隣センターの建て替え事業においてもこの手法が積極的に使われている。ただ、公営住宅へのPFI事業の導入は、改築型ジェントリフィケーションに近い性格もあわせもつ。そのため、低所得者をNTから追い出さないように、一定数の公営住宅の留保を義務づけるなどの福祉的な対策が必要である。

第 11 章　千里ニュータウン内外における住宅開発の特徴とその課題

地区のバリアフリーとユニバーサルデザインはどうするのか

　加齢にともなう高齢人口の絶対的な増加は、彼らにとって建設当初の NT の住環境が不便になる事態を各所で惹起させている。とくに千里 NT は、丘陵地を開発して造成された経緯からして、NT 内に多くの傾斜や段差があり、こうした制約を克服するため各所に設けられた階段やスロープが高齢者の行動空間を制約する因子となっている。さらに、原初プランで造成されたコミュニティは階段のみでスロープがない箇所、スロープを追加設置したものの傾斜が急で手動式の車椅子が自走で登れない箇所も少なくない。これはベビーカーのユーザーにとっても行動制限を受ける原因となる。

　脱成長社会のもとですでに成熟期にある NT が持続的な発展を遂げていくためには、居住者の新陳代謝を順調に進めることが不可欠である。上述した PFI 事業による分譲マンション供給はその切り札の一つであるが、新規入居者には住宅の一次取得者にあたる若い年齢階級の世帯も多いことが予想される。晩婚化を想定すれば、こうした世帯に乳幼児がいることは十二分に考えられる。高齢者に優しい NT の環境改善は、子育て期の世帯にとっても優しい環境創出を果たすべきである。すなわち、バリアフリーの徹底と同時に、ユニバーサルデザインの追求も図っていく必要がある（香川 2015）。

老親の介護、将来の郊外住宅地

　NT に限らず郊外住宅地では主に核家族を前提とした間取りの住宅が建設されてきた。分譲マンションの標準的な間取りが 3LDK であること、建売りの戸建住宅の多くが夫婦と子供 2 人の世帯を想定して設計されていることはその証左である。このように、現代日本の多くの住宅は、三世代ないしはそれ以上の世代での同居を前提としていない。

　そうしたなか、医療・看護技術の向上にともなって、介護を要する状態ですごす高齢者が増加し、介護制度の見直しが絶えず議論されているような状態にある。多くの自治体で特別養護老人ホームへの入居待ちが福祉問題に発展する一方、限られた老人介護施設では介護職員の不足が慢性化し、社会全体が福祉・介護に頭を悩まされる時代になっている。[8] 筆者は親子近接別居（近

居）を提唱したことがある（香川 2011、209-228 頁）が、要介護認定の度数が上がり、老親に対して目が離せないようになると近居では追いつかない事態が生じる。こうして老親宅での訪問介護の利用、呼び寄せによる老親との同居、老親の施設入居などに移行する場面が到来する。高齢夫婦が揃っていていずれかが健康を維持している場合、未婚・非婚の前期高齢者が後期高齢者である老親の介護に携わる老老介護も決して珍しくない時代になっている。[9] 前項でふれたバリアフリーやユニバーサルデザインの徹底は、高齢者世帯だけでなく介護に関与する家族や介護職員にとっても強く望まれる社会的なインフラ整備といえよう。

　従来の日本が経験したことのない少子高齢社会は、その進展スピードが極端に速いという点で、成熟期をむかえた郊外大規模 NT において最も鮮明に表出しているといっても過言ではない。その郊外 NT の嚆矢である千里 NT の動向は、ほかの郊外 NT で生じうる現象の先駆例として今後も注視していく必要がある。さらに、そこで得られた成功と失敗の経験は、ほかの郊外 NT や郊外住宅地をはじめさまざまな地域の改善に活用されるべきである。

付記

　本研究には、本書の大半の論考に共通する科学研究費補助金（基盤研究（A））のほかに、2012〜2015 年度科学研究費基金（基盤研究（C））「成熟住宅地の持続的発展に向けた環境整備に関する地理学的研究」（課題番号：24520887、研究代表者：香川貴志）を一部で使用した。

注

1) http://www.tochi.mlit.go.jp/shoyuu-riyou/takuchikyokyu　2014 年 2 月 11 日閲覧。
2) 複数建築物が同一の敷地にあるものとみなす市街地造成の技法。
3) たとえば千里 NT の人口が最大値を示した国勢調査は 1975 年のものであり、この時点まで人口および世帯数は堅調に増加の一途をたどった。
4) 香川（2015）や Kagawa（2015）の調査過程での千里 NT 内の公営住宅高齢居住者に対する個別インタビュー調査による。
5) 企業や団体が資本提供し、対象施設の敷地の一部の譲渡を受けて分譲マンションなどを建設できる代償として、老朽化した公共施設などの改築を担当する制度。1999 年に制定された「民間資金等の活用による公共施設等の整備等の促進に関する法律」（PFI 法）を基盤としている。

6) 2003年10月以降は新型住宅ローン、2004年12月以降はフラット35が中心となった。
7) 牧野（2014）は随所で人口学・経済学・都市計画学の成果をふまえた厚味のある「空き家問題」論を展開している。地理学研究者の視点は個別地域の詳細な状況把握に向きがちので、ポスト成長社会における個別地域のモニタリング過程の中で、周辺諸科学の成果の取り込みにいっそうの関心をもつことが期待される。
8) 千里NTの竹見台（南千里地区にある近隣住区の一つ）を活動拠点とするケアマネージャーT氏との談話によると、千里NTでは介護度が高い場合、大阪府内の他の自治体と比べれば、相対的に特別養護老人ホームや高齢者グループホームに入居しやすい状態であるという。
9) 上記4）と同様。

文献

上野淳・松本真澄（2012）『多摩ニュータウン物語——オールドタウンと呼ばせない』鹿島出版会。
香川貴志（1993）「大阪30km圏における民間分譲中高層住宅の供給構造」『地理学評論』第66A巻11号、683-702頁。
——（2006）「人口減少と大都市社会——千里ニュータウンの公営住宅にみる人口減少と高齢化」『統計』第57巻1号、2-9頁。
——（2011）「少子高齢社会における親子近接別居への展望——千里ニュータウン南千里駅周辺を事例として」『人文地理』第63巻3号、209-228頁。
——（2014）「都市開発史的にみた日本のニュータウンの特徴と再生に向けた都市政策」近畿都市学会編『都市構造と都市政策』古今書院、77-83頁。
——（2015）「成熟期のニュータウンに必要なユニバーサルデザイン」戸所隆編『コンパクトなまちづくり』古今書院、137-148頁。
東北産業活性化センター編（2008）『明日のニュータウン——様々な課題の解決と将来の展望』日本地域社会研究所。
福原正弘（2001）『甦れニュータウン——交流による再生を求めて』古今書院。
牧野知弘（2014）『空き家問題——1000万戸の衝撃』祥伝社新書、祥伝社。
増永理彦編（2008）『団地再生——公団住宅に住み続ける』クリエイツかもがわ。
宮澤仁（2006）「過渡期にある大都市圏の郊外ニュータウン——多摩ニュータウンを事例に」『経済地理学年報』第52巻4号、236-250頁。
山本茂（2009）『ニュータウン再生——住環境マネジメントの課題と展望』学芸出版社。
由井義通・杉谷真理子・久保倫子（2014）「地方都市の郊外住宅団地における空き家の発生——呉市昭和地区の事例」『都市地理学』第9号、69-77頁。
吉田友彦（2010）『郊外の衰退と再生——シュリンキング・シティを展望する』晃洋書房。
——（2013）「空き家問題・空き家対策の現状と課題」『都市住宅学』第80号、4-7頁。
米山秀隆（2012）『空き家急増の真実——放置・倒壊・限界マンション化を防げ』日本経済新聞社。
Kagawa, T.（2015）"The Aged Society in a Suburban New Town: What Should We

Do?", in M. Hino and J. Tsutsumi eds., *Urban Geography of Post-Growth Society*, Tohoku University Press (in printing).

(香川貴志)

第12章
コンパクトシティと郊外問題
仙台市における東日本大震災による宅地被災からの考察

1 東日本大震災での宅地被災状況とその復旧事業

　東日本大震災に関しては、津波被災や原発被害、そしてそれに由来する風評被害（経済的実害）が多くのところで取り上げられるが、地震それ自体による被害も少なくない。2011年6月の時点で、仙台市内の建築物被害として全壊および大規模半壊が1万7000棟以上、さらに1万棟以上の半壊が確認されていた。ただ、ここでは大型店などの民間大規模施設については、それぞれ被害届が提出されないかぎり、すべてを把握するのは困難である。そのため、実際の建物被害はこれよりも多かったと推測される。

　宅地被災は宮城県内各所で散見されるものの、とくに仙台市とその周辺に集中していて、仙台市内での宅地の擁壁崩落や地すべりなどは5000件以上（2012年5月末現在）に及んでいる。そのうち避難や立ち入り禁止措置が必要な「危険」は約20%、立ち入りの人数や時間の制限が必要で、今後避難が必要になるかもしれないとされた「要注意」が30%以上であり、あわせると全体の半数以上が継続的な居住が難しい状態にある。また、10以上の被災区画が連担している大規模被災地は60カ所以上に及んでいる（図12-1参照）。

　ところで、この大規模被災地は仙台駅から半径5km前後かそれ以内の北

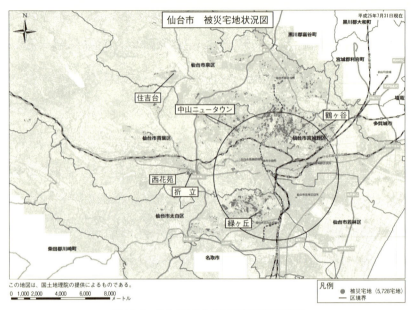

図 12-1　仙台市内の主な宅地被災箇所分布図
注：図中の円は仙台駅から 5km の距離
出所：仙台市復興事業局。

部と南西部に多くみられる。この地域は仙台市中心部を取り囲む丘陵地であり、宅地造成に際しては盛り土や切り土が多くみられた。このことが今回の宅地の形状変化を引き起こしたとも推測できるが、ただ、同様の造成方法は半径 5km 以遠の住宅地でも多く用いられている。しかし、そこでは必ずしも宅地被災が多くみられるわけではない。そこで、大規模被災地の共通性を地形的特徴以外で探るならば、高度経済成長期に造成されたものが多いことを指摘することができる。

　高度経済成長期の宅地開発をめぐる社会的背景としては宅地造成等規制法の適用問題がある。この法律制定は 1961 年であるが、全国で実際にこの規制区域が指定されたのは 1965 年、さらに「技術的基準および規制」が適用されたのは 1970 年になってからである。つまり、この法律は制定から実際の運用まで約 10 年の期間を要し、実際には 1969 年に施行された都市計画法

の開発許可制度と同時に実施されている。仙台市では1972年から造成工事が開始された泉パークタウン（三菱地所・現在の開発総面積約1070ha）が適用の最初となる。仙台市での東日本大震災の宅地被災はこの宅地造成等規制法の適用以前の造成地に限られるわけではないが、ただ適用対象以前の造成地で被災が多数みられている。

　ところで、高度経済成長期に造成・販売された住宅地は、最初の入居がみられてからすでに40年程度経っている。そのため、そこでは人口減少と居住者の高齢化が顕著であることが多く、大規模被災地でもそれは例外ではない。たとえば、その一つである緑ヶ丘地区（図12-1参照）は1960年造成開始であるが、1992年から2007年にかけて人口は4771人から3934人へと17.5%減少していたし、緑ヶ丘に隣接していて、ほぼ同時期に造成されたとみられている青山地区でも同期間に3134人から2556人へと18.4%の人口減少がみられた。これらの地域での高齢化率は30%前後であり、2007年の仙台市全体の高齢化率17.1%を大きく上回っている。また、1965年に造成開始した折立地区には県営住宅が立地し、この賃貸住宅に常時1100人から1200人程度の居住がみられることもあって、1992年から2007年にかけて人口の増減は横ばいであった。けれども、持家住宅を中心に高齢化の進行がみられ、この地区の高齢化率は仙台市の平均よりも高く、2007年に22.3%となっている。ほかの高度経済成長期に造成された大規模被災地でも類似の傾向が確認される。なお、図12-1に示された西花苑は1975年に造成開始された大規模被災地であり、人口減少はみられないが、高齢化率は仙台市平均を上回っている。

　東日本大震災において、被災建物は個人財産であるために特別な対応はないが、被災宅地に対しては政府や仙台市などからの補助による復旧が図られることになった。これらの対応に対しては不公平が訴えられたり、一部で集団移転の提案があったり、必ずしも一様な取り組みになっているわけではない。けれども、2013年には被災地の形状回復工事が本格化している。ただ、これらを含む大規模被災住宅地では震災発生以前から商業機能の低下や公共交通（バス）の不便、医療・介護施設の不足や閉鎖などが指摘され、町内会

運営の困難なども問題化しつつあった。そして、震災での宅地被災を契機として少なくない住民のさらなる流出も予想される。このような地域での震災復旧事業は、都市全体の構造にとって、あるいは今後の行政のあり方として、どのように位置づけられるのか考えてみる。

2 郊外住宅地の現状と課題

　わが国では、主として高度経済成長期あるいはその後の時期に、持家政策を背景とした宅地造成が進められ、多くの都市でその外延的拡大がみられた。さらにほかにも商業施設の郊外立地、公共施設の郊外移転、都市外延部での流通団地や工業団地などの整備も進められた。これらの事業はそれぞれ個別には計画性をもち、秩序立てられていたが、都市圏全体としては無秩序な拡大となり、スプロールと称されていた。
　このスプロールの主要な担い手であった郊外住宅地では、当時、そこでの住民生活をめぐるさまざまな問題が発生していた。たとえば、大規模な宅地開発による急激な人口増加が小中学校の不足を引き起こしていたし、さらには上下水道の整備の遅れやごみ収集・焼却処理の滞りなどもみられた。これらの問題への対応は各自治体財政に深刻な影響を及ぼした。また、郊外での急激な人口増加は通勤通学者の増加となり、公共交通や道路網の整備の必要性を高め、ここでも自治体の財政逼迫を深刻な状況にした。これらのスプロールを背景とした問題は都市化問題あるいは郊外化問題と呼ばれた。これらインフラ整備などをめぐる問題などは、当時の自治体選挙での主要な争点になっていたし、シビルミニマム論としても論じられてもいた。また、宅地開発地でも問題への対応としては宅地開発指導要綱の制定やその妥当性をめぐる議論もみられた。
　ところが、バブル経済期後に少子高齢化が進むと、郊外住宅地での問題に変化がみられてきた。たとえば、入居開始から30～40年経った住宅団地では特に戸建住宅で空き家が増え、火災や治安の悪化などが危惧されている。[1] また、同様のことは放置された空地の管理においても指摘されていて、不適

切な衛生管理や不法投棄などから環境悪化も懸念されている。

　これらの問題発生は郊外住宅地から若年層が転出することやその親世代の高齢化などが主要な要因の一つとなっている。たとえば、近年の中心市街地での地価下落や共稼ぎ世帯の増加など[2]から若年世帯ではマンションを中心としたまちなか居住が増加したので、郊外住宅地では他地域よりも高齢化が進んだとみられている。そのため、町内会活動の担い手が不足し、コミュニティの維持困難などが多くのところで指摘されるようになっている。また、この人口減少は近隣商業施設の撤退や倒産をもたらして、いわゆる買物難民を増加させるし、さらに医療機関などの閉鎖も加わることにより、郊外住宅地での生活条件をさらに悪化させている。これらへの対処として、他地域に立地する施設の利用も考えられるが、人口減少や通勤通学者の減少は公共交通のサービスの縮小を引き起こし、地域間連携による問題解決を困難にしている。

　ほかにも、郊外住宅地で人口が減少して、居住が散在・点在するようになると、道路網や上下水道などのインフラ維持負担が大きくなる。整備から30～40年程度を経たインフラは修理や付け替えなどが必要なケースが多くなる。けれども、当該自治体では税収が減少しているなかで、住民の暮らしのための最低限の条件ではあるが、必ずしも効率的ではないこれらのインフラの維持をどのように進めるかは、今後大きな課題になるであろう。ほかにも、ロードサイド等での店舗撤退などは就業機会の減少としての生活条件の悪化と捉えることもできるだろう。

　このように、住民の高齢化をともなうことが多い郊外住宅地での人口減少によって、居住者には生活環境の質の低下が、行政にとっては諸経費の増大などによる財政悪化が、事業者にとっては経営採算性の悪化などがもたらされる。近年の都市の無秩序な縮小・縮退に由来する地域問題をここでは郊外問題と呼ぶこととする。次節ではこの仙台市における郊外問題の実態を概観する。

図 12-2　仙台市内の住宅団地造成完了からの経過年数
出所：仙台市都市整備局『平成 20 年度仙台市郊外居住再構築検討調査〈報告書〉』。

3　仙台市における郊外問題の現状

仙台市の郊外住宅地の概況

　仙台市では『住生活基本計画』（2012 年 7 月策定）の検討に際して、その基礎資料として『仙台市郊外居住再構築検討調査報告書』（以下、「報告書」と略す）を 2009 年 3 月に著している。ここではこの紹介を通じて仙台市の今日の郊外問題の状況を把握する。

　図 12-2 は報告書に掲載されている仙台市内の宅地造成地を造成完了からの年数で区分したものである。とくに北部や南西部の中心部により近いところに造成時期が早い住宅団地が多くみられる。とはいえ、既存住宅団地に立地する学校や商業施設の利用を前提とした後発的な宅地開発もみられるので、必ずしも市中心部から同心円的に宅地造成が進められるわけではない。また、図 12-3 はそれぞれの住宅団地の高齢化率を仙台市の平均値 17.7% に対する高低で区分したものである。両者を検討すると、造成完了から 30 年以上を

第 12 章　コンパクトシティと郊外問題

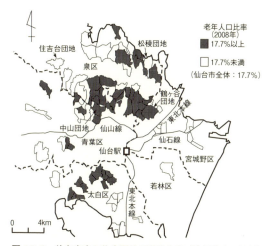

図 12-3　仙台市内の住宅団地の高齢化率（市平均との比較）
出所：仙台市都市整備局『平成 20 年度仙台市郊外居住再構築検討調査〈報告書〉』所収の資料を一部変更。

経ている住宅団地と仙台市平均を上回る高齢化率を示す住宅団地に著しい対応関係を確認することができる。前記の大規模被災地ではいずれも高齢化率が仙台市の平均を上回っている。また、経年数も報告書では緑ヶ丘 45 年、青山 42 年、折立 39 年、西花苑 31 年と、いずれも 30 年以上に分類されている。そのため、これらの大規模被災地においても、以下に示すような郊外問題が同様にみられるか、もしくはその発生の要因となる共通した土壌があると想定することができる。

報告書では仙台市内の住宅団地のなかから鶴ケ谷団地、中山ニュータウン、住吉台団地、松陵団地の四つを検討対象地として取り上げている。これらのなかで、鶴ケ谷団地と中山ニュータンは高度経済成長期に造成が始まり、造成終了から 35 年以上を経ている。住吉台と松陵団地は造成開始が高度経済成長終了後であり、経年数は 27 年と 23 年になっている。いずれも人口減少がみられるが、最も著しいのは鶴ケ谷の −12.3％（2000 年から 2005 年にかけて。以下同じ）で、これに続くのが松陵団地の −8.0％ であり、中山ニュータウンと住吉台は微減となっている。また、高齢化率では鶴ケ谷は 34.6％、中

211

山ニュータウンは23.5%で仙台市の平均を上回っているのに対して、住吉台と松陵団地はそれぞれ7.9%、12.0%となっている。したがって、大規模被災地での郊外問題の状況を把握するにあたっては、これら四つの検討対象地のなかでもとくに鶴ケ谷と中山ニュータウンが参考になる。

鶴ケ谷団地での郊外問題

　図12-4と図12-5は鶴ケ谷団地の人口・世帯数の推移と年齢別人口数の推移を示している。人口は1980年以降、一貫して減少していて、約25年で9000人程度の減少がみられた。2000年以降は世帯数の減少と世帯規模の急激な縮小も確認される。とくに最近20年間で急速な年少人口の減少＝子供世代の激減と高齢者の増加＝親世代の増加がみられ、少子高齢化を体現する状況にある。地域内に多くの公営住宅が立地しているので、住宅全体の持家率は約40%（2005年）にとどまっているが、住宅全体の67.6%が築年数22年以上になっている。このような人口・世帯状況と住宅状況のなかで、30年以上住み続けている世帯が4割以上となり、空き家は年々増加している。中高層住宅区の一部で分譲マンション建設もみられ、若い世帯の流入がみられるものの、人口動向全体を変えるまでには至っていない。

　このような人口変化のなかで、センター地区での商業施設や金融機関、公共施設などの立地は維持されている。とはいえ、一部で用途転換や撤退が始まっていて、以前と比べるならば停滞感が強まっているし、とくにサブセンターの機能低下は著しい。地域内に総合病院が立地するなど、医療サービスは比較的安定して提供されているほか、近年は民間のデイサービスセンターや訪問介護ステーションが整備されている。今現在は買物難民の増加などといった極端な生活の困難は確認されないが、町内会の役員のなり手がいない[4]など、コミュニティ維持に支障が出ている。

　将来の生活条件のさらなる悪化が見込まれることなどから、アンケートでは4割弱の世帯が転居を希望している。これへの対策として、地域内の市営住宅の更新やバス路線の利便性の向上などが検討されている。

第12章　コンパクトシティと郊外問題

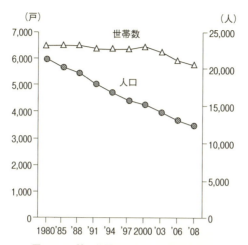

図 12-4　鶴ヶ谷団地の人口・世帯数の推移
出所：仙台市都市整備局『平成 20 年度仙台市郊外居住再構築検討調査〈報告書〉』所収の資料を一部変更。

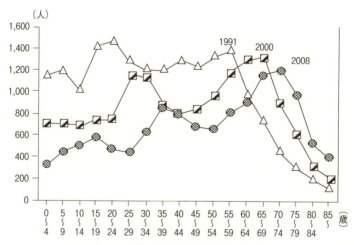

図 12-5　鶴ヶ谷団地の年齢別人口の推移
出所：仙台市都市整備局『平成 20 年度仙台市郊外居住再構築検討調査〈報告書〉』所収の資料を一部変更。

中山ニュータウンでの郊外問題

　中山ニュータウンの人口は 1980 年以降ほぼ横ばいが続いているが、世帯

数はわずかではあるが増加している（図12-6）。これは地域内に立地していた短大が移転し、その跡地で1990年代後半から多くの分譲マンションが供給されたことによる。そのため、図12-7にみられるように0～14歳の子供世代の数が1991年から2008年までのあいだにほとんど変わりがない。ニュータウン造成初期の入居者が継続して居住しているので、高齢者の増加も顕著ではあるが、同時にマンションなどの入居者であるとみられる30～40歳世代が高齢者よりも人口が多くなっている。現在のこの地域の持家率は約60％であり、ほかに国家公務員住宅や公団住宅もみられる。マンションなどでは築10年程度のものが多いけれども、戸建住宅を中心に築22年以上が68.3％となっている。そのため、空き家・空地が発生しつつあるが、大きな地域問題としてこれまで指摘されたことはない。むしろ、これらの古い戸建住宅のアパートなどへの建て替えが目立ち、単身者の増加に寄与しているとの指摘も聞かれる。

　住宅団地の中央に位置するバス通り沿いに商店街が形成されていて、スーパーマーケットや金融機関、個人商店などによってその機能は現在も維持されている。高齢者の増加もあり、配達サービスなどの広がりもみられるが、同時に地域外からの買物客らもみられる。ほかには銀行や電力会社の研修施設、公共施設などもあるが、大規模な病院はみられず、商店街周辺のいくつかの診療所だけとなっている。町内会役員の高齢化が目立つものの、活動それ自体は比較的順調に進められている。ただ、住宅団地全体が急な斜面にあるため、高齢化の進捗にともなって、その人々の歩行を含む移動の問題が深刻になるとみられている。

　年齢構成を背景に、中山ニュータウンは鶴ケ谷団地よりもその生活条件が維持されると見込まれるが、アンケートによると4割の世帯が将来の移転を希望している。その理由としてはバスのみの公共交通に対する不満が挙げられる。すなわち、JR仙台駅方面にむかうバスの本数は1日当たり126本（片道、2008年）であるが、すべてがより北に位置する大規模住宅団地を始発としている。そのため、中山ニュータウン内ではすでにバスが満席・満員になることが少なくない。このことから、高齢者の乗車に支障が出たり、朝の出

第12章 コンパクトシティと郊外問題

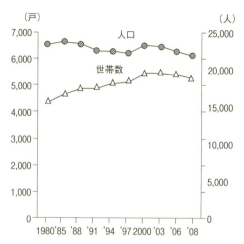

図 12-6　中山ニュータウンの人口・世帯数の推移
出所：仙台市都市整備局『平成20年度仙台市郊外居住再構築検討調査〈報告書〉』所収の資料を一部変更。

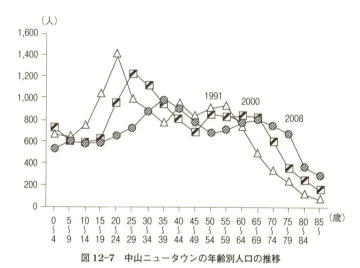

図 12-7　中山ニュータウンの年齢別人口の推移
出所：仙台市都市整備局『平成20年度仙台市郊外居住再構築検討調査〈報告書〉』所収の資料を一部変更。

勤時間帯に通勤通学客が乗れないバスもみられたりもする。

住吉台と松陵団地の郊外問題の可能性

　住吉台は図 12-8 にみられるように、人口のピークをむかえたのが 2000 年で、現在はやや減少ながらも横ばい状態となっている。子供世代は 20 歳未満が多く、高齢者の割合も低い（図 12-9）。そのため、持家率が 95% であるにもかかわらず、空き家などはほとんどみられない。

　とはいえ、仙台市中心部から直線距離で 10km 以上あり、ほかの市街地から遠隔地にあり、公共交通はバスのみ（1 日 33 本）であるために、自家用車への依存が高くなっている。1 世帯当たりの自動車保有台数が多いこともあって、商業機能や医療機関などは住宅団地外の利用が多くなっているとの指摘もある。約 4 割の住民が将来の転居を考えているが、その理由としては移動の不便やそれと関連する買物・通院の困難を挙げている。ここでは同年代の居住者が多いことからその困難性は将来急速に現れると予想される。

　松陵団地は 1997 年に人口のピークをむかえ、現在緩やかに減少しつつある。子供世代が 20 歳代に入ると流出が多くなり、他方その親世代は変化がほとんどみられない。高齢者数も必ずしも多いわけではない（図 12-10、図 12-11）。県営住宅があるが、大半は戸建住宅で、持家率は 88.5% となっている。この地域では中古住宅に対して比較的早期に買い手がつくとのことで、現在空き家問題は顕在化していない。

　幹線道路沿いにスーパーや個人商店商、金融機関が立地しているが、医療機関は限られている。子供世代の減少から購買力低下がみられ、近年、商業施設の閉鎖が一部で始まっている。また、高齢の親を呼び寄せて同居する例もみられているが、住宅地内にみられる福祉施設は 1 カ所のみである。将来についてはこれら商業機能や福祉サービスの低下に対する不安が指摘されているが、移転希望の割合は低く、2 割程度にとどまっている。

　報告書の検討対象地のうち、住吉台と松陵団地では、郊外問題は現在顕在化してはいない。ただ、居住者が同年代に集中していることから、急速に人口減少と高齢化が進行し、諸状況に変化がなければ将来には商業機能、医療機関、交通条件を中心に生活条件の悪化が懸念される。つまり、郊外問題の発生可能性は将来の不安となっている。これに対して、鶴ケ谷では人口減少・

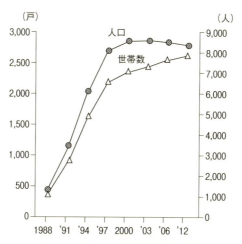

図 12-8　住吉台の人口・世帯数の推移

出所：仙台市都市整備局『平成 20 年度仙台市郊外居住再構築検討調査〈報告書〉』所収の資料を一部変更。

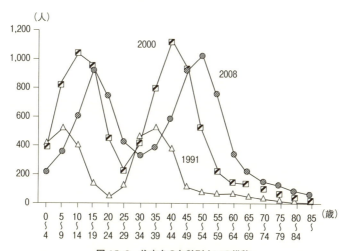

図 12-9　住吉台の年齢別人口の推移

出所：仙台市都市整備局『平成 20 年度仙台市郊外居住再構築検討調査〈報告書〉』所収の資料を一部変更。

高齢化が進行していて、空き家・空地の発生、商業施設などの撤退などがみられ、コミュニティ維持が難しくなってきている。一部で土地利用の転換も

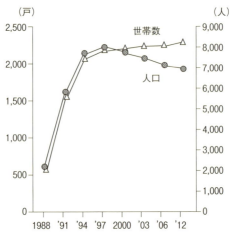

図 12-10　松陵団地の人口・世帯数の推移
出所：仙台市都市整備局『平成 20 年度仙台市郊外居住再構築検討調査〈報告書〉』所収の資料を一部変更。

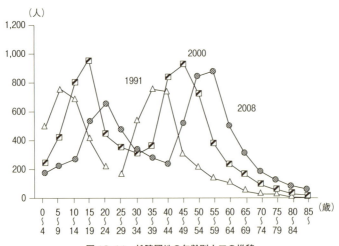

図 12-11　松陵団地の年齢別人口の推移
出所：仙台市都市整備局『平成 20 年度仙台市郊外居住再構築検討調査〈報告書〉』所収の資料を一部変更。

みられるものの、全体としては大きな変化はなく、建物の老朽化も目立っている。中山ニュータウンでは旧短大敷地のマンションへの転用がみられ、居

住者構成の変化がみられた。そのため、坂道の問題を除けば生活条件の著しい悪化はみられない。つまり、郊外問題は鶴ケ谷では顕在化しつつあるが、中山ニュータウンでは現在顕在化してはいない。これらのことから、郊外問題の発生状況は直接的には人口の増減やその構成の変化に由来すると考えられる。そこで、次にこれらの報告を参考に、大規模被災地における震災発生前の郊外問題の発生状況と復旧事業のあり方の関係を考える。

4 コンパクトシティ化と震災復興事業の方向性

　ここで示した郊外住宅地の状況が、東日本大震災発生以前のいずれかの大規模被災地とまったく同じというわけではない。けれども、いずれの大規模被災地においても類似の郊外問題発生、あるいはその可能性はみられる。
　緑ヶ丘と青山は造成完了から30年以上経ち、人口減少が顕著で高齢化率も仙台市平均を大きく上回り、状況としては鶴ケ谷に類似している。ただ、いずれも開発面積が鶴ケ谷の3分の1か、それ以下であり、周辺を同時期に造成された住宅地に囲まれている。そのため、近隣に立地する商業施設などへのアクセスは便利とはいえないまでも、極端に悪化しているわけではない。ただ、中山ニュータウンと同様に急な坂道がほとんどで、公共交通の利用も限定されるために、移動の困難性は大きい。折立も高齢化率に関して仙台市の平均を上回っているが、前述のように県営住宅（賃貸383戸）が立地するために、中山ニュータウンと同様にその上昇の程度は多少緩和されている。とはいえ、住宅地内での商業施設は必ずしも充分とはいえない状況にある。西花苑では人口減少はみられないが、高齢化は仙台市平均を上回っている。折立と同様に幹線道路沿いに立地する商業施設などの利用が中心になるが、そこへのアクセスは自動車利用が前提となるので、やはり緑ヶ丘や青山などと同様に移動性が問題として指摘される。このようにいずれの大規模被災地も仙台市内各地でみられたのと類似の郊外問題がみられるか、それが発生する可能性を抱えている。
　報告書のなかでは検討対象地での郊外問題が発生するまでの段階を、住吉

台→松陵団地→（中山ニュータウン）→鶴ケ谷と描いている。そして、大規模被災地は、すでに鶴ケ谷団地に近いような状況にある、あるいは将来そのような状況になる可能性が大きいといった段階にあるとみられる。さらに、大規模被災地では宅地の復旧の困難性や復旧したとしても被災した宅地に対する不安が拭いされないこと、さらには被災者の収入の制約から宅地復旧後に住宅再建が困難なことなどから、多くの転出者が報告されている。たとえば、緑が丘4丁目ではその一部が災害危険区域に指定されていて、79戸の集団移転が余儀なくされているし、折立5丁目でも約140世帯が暮らしていた地区で世帯が約20まで減少していると報じられている（『河北新報』2013年8月8日付）。ほかにも、大規模被災地以外の住宅地においても移転勧告が出されたり、個別の（自主的な）転出が多数みられたりしている。そのため、これまで概観してきたような郊外問題が今回の大震災を契機として今後さらに深刻化することが予想される。

　にもかかわらず、仙台市は2012年2月の宅地保全審議会の復旧工事による住環境改善の答申を受けて、同年6月に宅地復旧を決定し、12月から事業に着工している。復旧事業のなかには集団移転も含まれるので、震災以前の状態の完全回復というわけではないが、いずれにしても人口減少がとどまる保証はない。つまり、今後とも郊外問題の発生・深刻化の可能性のある地域に多くの復興予算を投じることになるわけであるし、居住が回復したあとに郊外問題への対応のための財政負担が増大する可能性も少なくない。

　郊外問題をはじめとしたさまざまな今日の都市問題への対応の一つとしてコンパクトシティが提唱されている。コンパクトシティの実現にむけてはさまざまな課題も指摘されているが、人口減少が続くなかでの都市整備としてはコンパクトシティを含めた都市の計画的縮小を検討せざるをえないだろう。仙台市でも地下鉄東西線計画や総合計画策定などのなかで、今後のまちづくりとしてコンパクトシティ化を示唆している。また、報告書にもとづいて検討した結果、策定された『仙台市住生活基本計画』（2013年）においても機能集約型市街地形成と郊外の住環境の再生がうたわれている。であるならば、大規模被災地への対応も、震災発生以前の宅地の復旧ではなく、仙台市のま

ちづくりのこのような基本的な方向性をふまえて、郊外問題への対応を考慮に入れた復興事業となる必要があっただろう。

　一部においては鶴ケ谷での災害復興市営住宅の建設もみられる。けれども、それは市有地が存在しているという確実性や迅速性から建設用地として選定されたものであり、鶴ケ谷での郊外問題への対応を意図したものではない。大規模被災地での復興事業も、震災対応に限定せず、本来の地域問題、あるいは近い将来に発生するだろう地域問題を考慮に入れた対応を期待したいものである。

注
1) 空き家問題は郊外住宅地に限定されるわけではない。たとえば、古くからの住宅地に老朽化した空き家があり、倒壊の危険が報じられている（『河北新報』2013年11月18日付）。このようなことをふまえて、2013年12月に仙台市議会では、防犯・防災・環境衛生等の観点から対応が求められる空き家に対して解体のための行政代執行をも明文化した空き家条例を可決した。なお、仙台市内では2013年9月現在で周辺環境に著しい悪影響を及ぼすと認められる空き家は430棟（うち所有者不在などで対応が困難になっているのは53棟）あるが、そのうち東日本大震災関連のものは17棟（対応が困難になっているもの4棟）となっている。これら仙台市内で確認されている空き家も郊外住宅地のみならず、中心市街地やインナーシティも含めて、市内随所でみられる。
2) 日本のみならず、アメリカにおいても、郊外持家住宅は専業主婦の存在を前提としていて、「ベットタウン化」が特徴とならざるをえないとしている（三浦 1999）。
3) 鹿児島都市圏と盛岡都市圏を対象とした研究で、大規模な開発地では小中学校や商業施設などが整備され、それらの施設利用を前提としてその隣接地や周辺で、相対的に規模の小さい宅地開発が行われる状況が示されている。後者では諸施設整備がみられないので、有効宅地率は比較的高くなる。なお、前者では公的主体による開発が、後者では民間開発業者による開発が多くみられる（千葉 1997：千葉 1998）。
4) 鶴ケ谷では問題が顕在化していないけれども、同時期の造成された将監団地（1968年造成開始、面積207.2ha、2010年高齢化率27.6％）では公設市場の廃止後に民営化して開設された「将監ふれあい市場」が完全閉鎖された。そのため、高齢者を中心とした買物難民が発生することが危惧されている（『河北新報』2010年12月21日付）。

文献
大村謙二郎（2013）「ドイツにおける縮小対応型都市計画——団地再生を中心に」『土地総合研究』2013年冬号、1-20頁。
勝又済（2013）「住宅地の縮退管理の観点から見た大都市圏郊外のまちづくりの方向性」『土

地総合研究』2013 年秋号、37-44 頁。
川口太郎 (2007)「人口減少時代における郊外住宅地の持続可能性」『駿台史學』第 130 号、85-113 頁。
国土技術政策総合研究所 (2009)『国土技術政策総合研究所プロジェクト研究報告第 26 号 人口減少社会に対応した郊外住宅地等の再生・再編手法の開発』国土技術政策総合研究所。
千葉昭彦 (1988)「宅地開発指導要綱の意義と限界——宮城県泉市を例として」『経済地理学年報』第 34 巻 3 号、158-169 頁。
——— (1997)「鹿児島都市圏における大規模宅地開発の展開過程」『経済地理学年報』第 43 巻 1 号、1-17 頁。
——— (1998)「盛岡都市圏における宅地開発の展開とその諸特徴」『季刊地理学』第 50 巻 1 号、17-32 頁。
——— (2004)「仙台市宅地開発指導要綱改訂の必然性と課題」『仙台都市研究』第 3 号、1-11 頁。
——— (2012)「東日本大震災での住宅・宅地の被災の社会経済的特徴と課題」『都市地理学』第 7 号、29-40 頁。
三浦展 (1999)『「家族」と「幸福」の戦後史——郊外の夢と現実』講談社現代新書、講談社。

(千葉昭彦)

第13章
郊外住宅地における女性就業と子育て
広島市高陽ニュータウンの事例

1 地理学の地域貢献

　高度経済成長期以降、大都市圏郊外地域において活発に開発された住宅団地では、入居当初は若年層に偏っていた世帯主夫婦が高齢化し、さらに彼らの子供たちが独立したことにより高齢者夫婦のみの世帯か高齢単独世帯が多くを占める住宅地へと変容している（福原 1998；由井 1998；中澤ほか 2008）。居住者の高齢化とそれに付随したさまざまな問題が表出し、全国の郊外住宅団地における高齢化対策や再活性化は喫緊の課題となっているが、高齢化対策のみでは住宅団地の活性化をはかることは困難であり、高齢単身世帯の見守りや高齢者の生活支援などの高齢化対策と並行して、いかに若年世帯を呼び込むことができるかが検討されている。

　そのような動きのなかで、広島県住宅供給公社は高齢化が進行している高陽ニュータウンの活性化を検討するにあたって、広島大学地域貢献研究に応募し、著者との連携で地域活性化策を検討することにした。この地域貢献研究では、広島県住宅供給公社と自治会役員や老人会の協力を得て、高陽ニュータウンの実態把握のために次のような研究を行ってきた。第一に、国勢調査の統計資料を用いた居住者属性の変化の解明、第二に約6500の全世帯を対象とした生活実態調査と簡易パーソントリップ調査による生活行動や

居住者意識の把握、第三に住宅団地開発以降の住宅地図を用いた転出入の状況把握と空き家の調査、第四に老人会の役員から老人会の活動状況や高齢者の生活状況に関する聞き取り調査を行ってきた。一連の調査結果をもとに、高齢者の買い物を促進するためにスーパーマーケットでの買い物によりタクシーチケットを発行するシステムやスーパーマーケットによる無料巡回バスの取り組み、あるいは空き家調査をもとにして住宅供給公社による中古住宅流通促進への取り組みなどの成果を出した。これらの一連の実態把握の結果をふまえて本章は、高陽ニュータウンの活性化の具体策を検討し、持続可能な住宅地へと転換をはかるために、子育てによるまちづくりの可能性を探り、高陽ニュータウン内で働きながら子育てをしている母親たちを対象にして、女性の就業と子育ての状況を明らかにすることを目的とする。

2　高陽ニュータウンの概要

開発の概要

　本章の調査対象地域は広島市安佐北区の高陽ニュータウンである。高陽ニュータウンは、1980年代前半に供給された広島県内最大の郊外住宅団地であり、計画面積は268.2ha、計画人口は約2万5000人、計画供給総戸数が約7000戸であった。人口規模は計画人口に届かず減少し始め、約2万人の居住人口となっている。図13-1に示すように、高陽ニュータウンの位置は、広島市中心部から北に約18kmにあり、開発が始まった頃は広島都市圏内では、広島市佐伯区、廿日市市などの西方向と、広島市安佐南区の安川流域の丘陵地の開発が進んでいた時期であった。広島県住宅供給公社の資料によると、高陽ニュータウンは1971年に開発が決定してから広島県住宅供給公社によって住宅開発が行われ、当初は1974～78年までの事業だったが、石油ショックによって開発途中から販売が低迷してしたため、1987年まで延長された。結果として、販売期間は4年間から10年を少し超える期間となったため、同時期に広島都市圏で開発されたその他の民間開発地より長期間となった。高陽ニュータウンにおける個々の戸建住宅の販売価格は、同時

第13章　郊外住宅地における女性就業と子育て

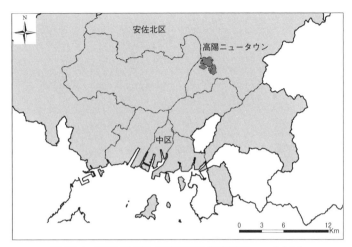

図13-1　研究対象地域（広島市安佐北区高陽ニュータウン）

期の民間事業による宅地開発地に比べて約半額だったが、平均宅地面積は229.1m²（69.3坪）と広島市内の住宅団地よりも広めであった。

郊外住宅地の高齢化

　わが国の郊外住宅地における高齢化については、地理学でいくつかの研究論文が発表されているが、高陽ニュータウンにおいても高齢化は着実に進行している。郊外住宅地における高齢化のメカニズムは、転入した世帯主とその妻（郊外第一世代）の加齢による高齢者数の増加が原因となった高齢化（絶対的高齢化）と、転入者の子供世代（郊外第二世代）が進学や就職によって転出したことによって若年世代が減少し、比率の面で老年人口率が高くなる相対的高齢化があわせて進んだ結果と考えることができる。

　開発当初の高陽ニュータウンには、30〜40歳代の夫婦と子供からなる核家族世帯が大部分であったため、1985年における老年人口率は低く、ニュータウン内の各地区における老年人口率をみると、真亀地区3.0％（人口総数4365人）、亀崎地区3.4％（同5463人）、倉掛地区3.6％（同4048人）、落合地区2.3％（同4490人）と、これらの比率は広島市の平均8.4％と比べて著しく低い値であり、高陽ニュータウンに子育て時期の若い世帯が転入してきた

225

ことがうかがえる。

　各地区の人口ピラミッドの変化をみると、真亀地区・亀崎地区・倉掛地区のいずれにおいても1985年には30歳代後半から40歳代前半の夫婦の世代と5〜9歳と10〜14歳の子供の世代にあたる年齢階級の人口率が高いことから、開発当初はこれらの世代の夫婦と子供からなる核家族世帯が中心となっていた。町丁別にみると、公営借家が混在する真亀2丁目は戸建住宅が多い真亀3丁目に比べて30歳代後半の年齢階級と10歳未満の子供の年齢階級の人口率が高く、高陽ニュータウンは働き盛りの年齢階級と彼らの子供からなる若い世代が中心の住宅地であった。

　しかしながら、2010年における高陽ニュータウンの老年人口率は27.9％で、市全体（20.0％）より7.1ポイント高くなっていた。また、ニュータウン内でも地域的な差異は大きく、図13-2に示すように、最も老年人口率が高い倉掛地区（C団地）では老年人口率は30.5％（人口総数3546人）、亀崎地区27.9％（同4531人）、真亀地区22.0％（同5627人）、落合地区は14.9％（同4094人）であった。65歳以上の年齢階級の人口が増加したことによって高齢者の実数が増加したことに加えて、子供の世代の独立・転出によって相対的に老年人口率が高くなったと思われる。さらに今後も老年人口に該当する年齢階級の直前の階級である60〜64歳の人口が男女とも最も多くなっており、次回の国勢調査ではこの年齢階級が老年人口に達することから、超高齢化をむかえることとなる。

　このようにニュータウン内で高齢化の程度に差異が生じたのは、それぞれの地区における住宅事情が大きく影響したものと考えられる。老年人口率が最も高い倉掛地区は戸建住宅のみで構成されており、賃貸用の集合住宅はない。そのため、居住者は開発当初から入居を継続している。それに対して、老年人口率が最も低い落合地区は、公営借家が多く含まれているため若い居住者の入れ替わりが多く、高齢者が少ない。

世帯規模の縮小

　上記のような居住者の高齢化は世帯人員構成からもうかがえる。開発当初

第13章　郊外住宅地における女性就業と子育て

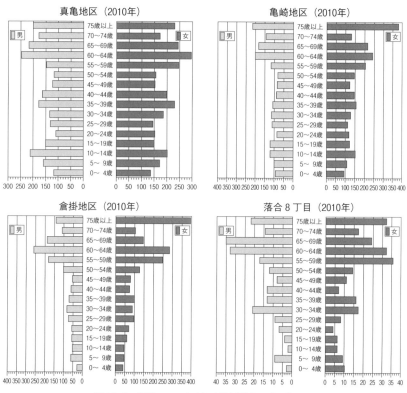

図13-2　高陽ニュータウンの地区別人口ピラミッド

出所：2010年国勢調査より作成。

はいずれの地区においても世帯人員が4人以上の世帯が世帯の半分以上を占めていたが、2010年になると、世帯人員が2人以下の世帯が半分以上を占めるようになり、単独世帯か夫婦のみの世帯が増加した。このようになったのは、子供世代の成長につれて、就学や就職、あるいは核家族化の進行によって結婚による転出が発生したために、親世代のみが残留したことが原因と思われる。とくに、先述のように高齢化が進行しているので、残留している高齢になった親世代の多くが一人暮らしや夫婦のみで生活している。そのため、買い物や通院などの日常生活行動における支障や介護の問題などが深刻化すると予想される。

図 13-3　高陽ニュータウンとその周辺地域における保育・教育施設

出所：WAM NET 資料を用いて作成（2013年3月現在）。

3　住宅団地内の保育環境の変化

　高陽ニュータウン内の保育施設は、図 13-3 に示すように、もともとニュータウン北部の真亀地区と亀崎地区、落合地区に公立幼稚園が分布し、保育所も同様に真亀地区と亀崎地区に分布していた。一方、ニュータウン南部にある戸建住宅からなる倉掛地区には、若年世帯向けの保育所と幼稚園は計画当初から配置されておらず、県立高校が設置されている。

保育園と幼稚園

　高陽ニュータウン内の認可保育園は、公立の認可保育園が2園（真亀地区の定員187名、落合地区の定員180名の各1園）と私立保育園が1園のみである。公立の認可保育園の保育時間は、7：30～18：30で延長保育は19：30までである。また私立の認可保育園（定員120名）の保育時間は、7：00～18：00で、延長保育は20：00までである。保育時間はともに11時間で同じで

あるが、私立の認可保育園では延長保育が20時まで可能である。一方、1998年に設立された認可外保育園は定員21名と保育定員が少ないが、保育時間が6：00〜21：00と長く、休日は6：00〜19：00の休日保育も行っている。このように公立と私立では、保育サービスの質的差異がある。世帯収入によって公立の認可保育園の保育料にはかなりの差があり、保育時間が長く、休日保育を行っている認可外保育園のニーズは高い。

　広島市では幼稚園は私立に依存し、もともと公立幼稚園は市街地再開発事業を行った地区の基町幼稚園しかなかったが、政令指定都市を目指して広域合併したときに、合併前の町が運営していた公立幼稚園を引き継いだために、公立幼稚園は郊外地域に多かった。そのようななかで、高陽ニュータウンでは他の郊外地域と異なり、合併前の幼稚園を引き継いだものではなく、宅地開発にあわせて公立幼稚園が設置された。

　高陽ニュータウン内には公立幼稚園が3園（亀崎、真亀、落合東）、私立幼稚園は定員240名の1園が立地した。かつて高陽ニュータウンでは専業主婦が多く、子育て中の女性就業者は少なかったために幼稚園の需要は高かった。しかし、近年は専業主婦が減少し、就業女性が増加している。そのため、高陽ニュータウン内の市立幼稚園は廃園の方針が出され、3園の公立保育所への依存が強くなっている。また、公立幼稚園では送迎バスがないために、母親たちが送迎の負担感を感じている。このような幼稚園利用の需要の変化を背景として、広島市の幼稚園政策が2010年から拠点園制へ変更したため、2013年3月末で亀崎幼稚園と真亀幼稚園の2園が閉園となった。閉園した亀崎幼稚園は1985年に最大238名が通園していたが、閉園が確定していたために2014年3月の卒園者はわずか12名であった。拠点園制の結果、高陽ニュータウンとその周辺地域の学区では、亀崎小学校・倉掛小学校・真亀小学校・落合東小学校・落合小学校・口田東小学校、口田小学校・深川小学校の8学区で落合東幼稚園の一つだけの公立幼稚園の設置となった。しかしながら、拠点園となった落合東幼稚園においても4歳児と5歳児のみの保育で、4歳児の募集は35名（5歳児も35名）のみである。そのために、ニュータウン内の3歳児については、距離的に近いニュータウン隣接学区の口田小学校、

口田東小学校区、落合小学校区内の保育所か私立幼稚園に託児することになった。

なお、小学校低学年の児童については、高陽ニュータウン内には公立小学校が4校（亀崎小学校・倉掛小学校・真亀小学校・落合東小学校）あり、広島市の方針で放課後の児童への無料の学童保育が小学校の敷地内や近距離にある児童館で行われている。

女性の就業と保育状況

子育てをしながら働く女性たちを対象にしたアンケート調査によって、彼女たちの就業と子育ての状況に関する実態と課題の解明を試みた。アンケート調査は、2011年4～6月に、住宅団地内の公立保育園、公立幼稚園、公立小学校低学年児童をかかえる母親に対して実施した。アンケート調査票は、保育所・幼稚園・小学校で町内会の役員によって1100部が配布され、143の回答があったが、そのうち専業主婦や無職の回答を除いた有効回答は130（有効回答率11.8%）であった。母親たちの就業状況をみると、正規就業者は34.6%で、そのうち最も多い職種は事務職と専門職であった。また、非正規就業者は60.1%で、そのうちフルタイムの非正規職は販売と事務職のそれぞれ2名のみで、大部分の非正規職はパートタイムで主に専門職、サービス職、事務職、製造に従事していた（表13-1）。パートタイムの非正規就業者のうち約半数は、家事や育児との両立が可能なように勤務シフトの融通によって子育てと就業の両立をはかっていた。正規就業者の82.6%とパート就業者の81.1%が子育てに満足感や充実感を感じており、就業上の立場の違いにかかわらず、日々の生活において子育てに満足感が高いのは高陽ニュータウンが教育環境に恵まれていることと関係している。

通勤状況をみると、安佐北区内の通勤者が多く、近距離通勤が最多となっている。正規就業者は安佐北区（自区）と安佐北区以外の広島市内（自市内他区）への通勤が同数となっているが、パートタイム就業者は安佐北区内の比率が70%近くを占めた。高陽ニュータウンは広島市内の住宅団地のなかでも広島市中心部と結ばれるバスの便数が1日当たり約200便あるため、公

第 13 章　郊外住宅地における女性就業と子育て

表 13-1　回答者の職種と就業上の地位

職種	正規職員	フルタイム非正規就業者	パートタイム非正規就業者	自営	その他	総計
専門職	15		14	1		30
管理職	1		1			2
事務職	18	2	12		1	34
販売職	1	2	4	1		8
サービス職	1		13		2	16
介護サービス	4		7			11
製造作業	3		12			15
運輸通信			1		1	2
その他	1		5			7
兼職（事務とサービス等）	2		2			4
無回答			3			14
合計	46	4	74	2	4	130
(%)	32.2%	2.8%	51.7%	1.4%	2.8%	90.9%

出所：アンケート調査結果より作成。

共交通の利便性が高い住宅地であるが、正規就業者もパートタイム就業者も、ともに約70％が自動車通勤となっており、母親たちは自在に行動するために自動車を利用することが多くなっている。

　現在の仕事を選んだ理由は、正規就業者は「仕事の内容があっていること」を最重要視しており、職種へのこだわりも強い（表13-2）。また、それに次いで多かった回答は「通勤が便利であること」であった。それに対して、パートタイム就業者の場合は、「通勤が便利であること」を理由に挙げた回答者が最も多く、「家事・育児の時間がとれるから」と「仕事の内容があっていること」が続いた。また、パートタイム就業者では、「給料がよいから」というのがそれに次いで多い回答であった。この原因は、パートタイム就業者の大部分は、結婚や出産・育児によって仕事から離れた人たちが多く、家から近距離で時給の高い就業先を好んでいるためと思われる。また、パートタイム就業者は、自己都合で就業時間の調整を行うことが可能となっており、これによって家事や育児と仕事との両立が可能となっているのである。

　彼女たちの働く目的としては、正規就業者は「家計の補助」や「家計の担

表 13-2　現在の仕事を選んだ理由

現在の就業形態	給料がよい とくに重視した	給料がよい 重視した	仕事内容があっている とくに重視した	仕事内容があっている 重視した	経営安定した職場 とくに重視した	経営安定した職場 重視した	福利厚生がよい とくに重視した	福利厚生がよい 重視した	通勤が便利 とくに重視した	通勤が便利 重視した	資格を生かせる とくに重視した	資格を生かせる 重視した	仕事にやりがい とくに重視した	仕事にやりがい 重視した	家事・育児の時間がとれる とくに重視した	家事・育児の時間がとれる 重視した	親の介護と両立できる とくに重視した	親の介護と両立できる 重視した	地元に戻りたい とくに重視した	地元に戻りたい 重視した	自己都合で勤務時間調整 とくに重視した	自己都合で勤務時間調整 重視した	親や知人のすすめ とくに重視した	親や知人のすすめ 重視した	総計
正規職員	5	1	14	8	9	2	4	2	10	3	10	11	4	9	4				1		2	1	3		46
フルタイム非正規	1			2	1	1	2	1	1				1												4
パートタイム非正規	16	3	18	11	7	1			20	20	5	11	13	4	19	16	2				10	11	2	2	74
自営			1								1		1		1			1				1			2
その他	1		1			1	1						1			2	1				2	1			4
総計	23	4	34	21	17	5	7	4	31	24	16	22	20	14	24	18	3	1	1		14	14	5	3	130

出所：アンケート調査結果より作成。

い手」などの経済的理由が主要な目的と回答した女性が多く、最も重要とした就業目的は「家計の担い手」であった（表13-3）。正規就業者は家計の補助というより家計を支えるために就業しているといえる。一方、パートタイム非正規就業者は最も重要とした就業目的として「家にこもりたくない」という回答が約40％もあった。次いで「家計の補助」が就業目的として重要とした回答は約60％あったが、これはパートタイム非正規就業者が夫の収入を生活の基礎としているためにあくまでも自分自身の収入は補助的なものとして考えていることを示している。ここで注目されるのは、彼女たちの働く目的が経済的理由ではなく、「家にこもりたくない」とか「自分が自由に使えるお金を得るため」との回答者が多いことからわかるように、自分自身の生活の充実を就業によってはかっている点である。

　仕事に関する将来展望として、正規就業者も非正規就業者もともに、家計のために仕事を継続したいと考える回答者が約半数を占めている。次に多いのは家事や育児との両立によって仕事を継続したいという回答であった。このことから、子育てをしながら働いている母親たちは、家事と育児の負担がありながらも、それらと仕事を両立させることを希望しており、専業主婦となることを希望していないことが明らかとなった。

第13章　郊外住宅地における女性就業と子育て

表13-3　子育てをしながら働く目的

現在の就業形態	家計の担い手 最も重要	重要	家計の補助 最も重要	重要	社会経験 最も重要	重要	生き甲斐 最も重要	重要	自由に使えるお金 最も重要	重要	家にこもりたくない 最も重要	重要	資格を生かす 最も重要	重要	能力を発揮したい 最も重要	重要	その他 最も重要	重要
正規職員	5	16	14	12	3		7	4	9	1	9	1	7	5	7	2	2	1
フルタイム非正規		1		2	1		1			2	2	1			1			
パートタイム非正規	2	5	11	46	6	1	5	1	13	1	31	7	9	2	6	1	1	2
自営				1							1		1		1			1
その他				3	1	1	1				1	2				1		
総計	7	23	29	60	11	2	14	5	22	5	44	11	17	7	15	3	3	4

出所：アンケート調査結果より作成。

表13-4　仕事と家事の両立

現在の就業形態	非常に難しい	時々難しい	あまり難しいと感じない	まったく難しいと感じない	わからない	無回答	総計
正規就業者	7	26	7	3	2	1	46
フルタイム非正規		4					4
パートタイム非正規	8	40	18	4	2	2	74
自営		2					2
その他		4					4
総計	17	76	26	7	7	10	130

出所：アンケート調査結果より作成。

夫の支援

共働き世帯にとって、家事や育児における夫の支援は重要である。正規就業者の71.7％と非正規就業者の64.9％が家事と育児の両立について「非常に難しい」か「時々難しい」と回答しており、主婦だけでは困難を感じている（表13-4）。夫の支援についてみると、妻が正規就業者の場合、まったく何もしない夫はわずか2名（4.3％）で、妻がパートタイム非正規就業者の場合は11名（14.9％）であった。このことから、同じ共働きでも妻が正規就業者なら大部分の夫は家事・育児への支援を行っており、妻がパートタイム非

表13-5 夫が行っている家事・育児の支援

現在の就業形態	何もしない まったく何もしない	何もしない 何もしていない	食事の準備 している	食事の準備 よくしている	食事の後かたづけ している	食事の後かたづけ よくしている	掃除 している	掃除 よくしている	洗濯 している	洗濯 よくしている	買い物 している	買い物 よくしている	子供の入浴 している	子供の入浴 よくしている	子供の食事の準備 している	子供の食事の準備 よくしている	送迎 している	送迎 よくしている	おむつ替え している	おむつ替え よくしている	その他 している	総計
正規職員	1	1	9	2	10	4	5	1	11	2	6	1	8	7	3	2	11	4	4	1	3	46
フルタイム非正規						1							2	1			1					4
パートタイム非正規	1	10	8	1	14	6	10	1	9	5	7	1	18	4	6	1	12	3	4	3	8	74
自営							1		1		1						1					2
その他		2			1		1		1		1											4
総計	2	16	18	3	25	11	17	2	21	7	15	2	31	12	9	3	26	8	8	4	11	130

出所:アンケート調査結果より作成。

正規就業者の場合のほうが夫の家事・育児への参加が少なく、妻の負担が大きくなっていることが明らかとなった。

しかも、夫が行う家事・育児の内容をみると、妻が正規就業者の場合には、夫は送迎、洗濯、食事の後かたづけ、食事の準備、子供の入浴、買い物など、多様な家事・育児への参加がみられる（表13-5）。それに対して、妻がパートタイム非正規就業者の場合も多様な家事・育児への支援がみられるが、子供の入浴、送迎、食事の後かたづけのような比較的簡単な家事・育児への支援が多くなっている。このような支援内容は家政学での研究成果と同様であり、女性の社会進出にともなって、男性の家事・育児への支援が必要となっていることが明らかとなった。

夫に対して妻が期待する家事と育児の内容は、妻が正規就業者の場合は掃除が30.4％と最も多く、次いで食事の後かたづけや食事の準備であった。それに対して、妻がパートタイム非正規就業者の場合は、食事の後かたづけ、掃除、子供の送迎、への支援を望む声が多い。妻が正規・非正規を問わず、共働き世帯の夫は家事・育児の支援をすることを期待されており、とくに後かたづけと掃除の支援に対する期待が大きい。子供の送迎も妻まかせが多い。

第13章　郊外住宅地における女性就業と子育て

表13-6　高陽ニュータウンを居住地にした理由

現在の就業形態	自然環境がよかったから	教育環境がよかったから	買い物など生活利便性がよかったから	住居がよかったから	親族が近くに住んでいたから	職場に近かったから	その他	総計
正規職員	3	1	2	3	23	3	14	46
フルタイム非正規			1		1		2	4
パートタイム非正規	3	2	13	12	22	7	22	74
自営				1	1			2
その他				1	2	1	1	4
総計	1	3	12	14	41	7	40	130

出所：アンケート調査より作成。

ニュータウンの居住理由

　子育てをしている就業女性は、上記のようにパート勤務やシフト性を利用しながら仕事と子育ての両立をはかっている。彼女たちが現在の住居を選択した理由のうち、最も多かった回答は、利便性よりも親族が近いことであった。親との近接性が最大の選択理由となっているのは、親を保育資源として考えていることである（表13-6）。

　仕事をしながら子育てをする女性たちにとって、自分自身の親の居住地近くへ転居することによって、子供の病気への対応や仕事で遅くなったときに子供を迎えに行ってもらうように依頼することができるなど、近居によって自分自身の親を「子育ての資源」として考えていることがわかる。また、将来の介護を考慮して親の住居から近距離に移り住むことも多い。親にとっても、孫の世話をすることは決して負担ばかりではなく、親族の絆を感じたり、生きがいになっていることもある。

　高陽ニュータウンに居住することを選択した理由として、ニュータウン内に住む自身の親への近接性を挙げた回答が約3分の1であったことから、就業と育児・家事の両立のために、近居を志向していることが明らかになった。この傾向は、香川貴志による千里ニュータウンでの研究結果と共通する（香川 2010）。

近居（親近）

　シングル女性と同様に既婚女性にとっても住居の選択には多くの制約が働いている。少子化対策としてさまざまな方策が検討されているものの、いずれも目に見える効果が出ているとはいいがたいが、これは子育てと女性就業に対して縦割り行政のもとでそれぞれの施策が検討されていることも一因があるように思われる。以前、東京大都市圏で働きながら子育てをする女性たちにインタビュー調査をしたときの母親からの話によると、東京大都市圏内出身の母親と圏外出身の母親では、子供の数が違っている傾向にあったとのことである。東京大都市圏内出身の母親は、2人目の子供ができると保育所に預けることができなくても実家に預けたり、病気や急用によって保育ができないときにも実家の親に子育てを依存できるなど、親から種々の直接的支援を受けることが可能である。それに対して、地方出身の母親は第一子については自身の産休や育休によって子育てができるが、2人目を出産するとなると第一子を預ける必要から乳幼児向けの高額な保育サービスを利用せざるをえないため、第二子をあきらめるか、仕事を辞めるしかないという状況にある。

　平山洋介によれば、首都圏で持家に住む既婚女性にアンケート調査をした結果、正規雇用の妻は親の家との距離を重視して居住地を選ぶことがとくに多い（平山 2011、162-163 頁）。平山によると、都市の成熟にともない、親子近居が増え、世代間の援助関係が生成する。子育て期の共働きの夫婦にとって、親の援助を期待できるのであれば、親は仕事と家庭の両立を維持するための重要な資源である。また、親が加齢すると、子世帯が高齢の親の介護する必要が出てくるため、子どもの家事援助と見守りが親にとって大きな助けになる。

　アンケート調査回答者の半数以上がパートタイムの非正規就業者で、彼女たちは、勤務時間を融通し、子育てと就業の両立をはかるために通勤の利便性や家事や育児の時間が十分確保できるパート就業を選択している。また、先述のように高陽ニュータウンに居住することを選択した理由において、ニュータウン内に住む自身の親への近接性を挙げた回答が多かったことから、

第 13 章　郊外住宅地における女性就業と子育て

就業と育児・家事の両立のために、親との近居を志向していることが明らかになった。このように親の近くに住むことをマスコミ用語では「親近」というようであるが、「親近」を居住地選択の最大理由とするのは、親を子育ての資源としてみているからである。子育てと女性就業の両立を可能とさせるのは、女性の就業状況の改善や子育て施設の充実は当然のことながら、子育てと就業を可能とするための子育て環境が居住地選択の重要な要素である。

夫婦の親の居住地との関係をみると、夫よりも妻の実家に近いところに住む傾向があり、夫婦の親との同居も夫の親よりも妻の親との同居が多い。つまり、郊外二世の居住地選好の特徴として、子育てと就業の両立をはかるためには、親族ネットワークの「資源」を利用できることは郊外の実家に近接して居住することの最大の魅力となっている。そのため、多様な子育て支援サービスを充実化したり、創造することによるまちづくりの提案は郊外住宅団地活性化のためには必要である。とくに、高齢化して世代交代期におけるまちづくりには郊外住宅団地の課題把握が必要であり、親の住居との関連から把握することが重要である。

子育てをテーマとしたまちづくりに向けて

少子高齢化の問題が深刻になりつつある郊外住宅団地において求められるのは、あらゆる年齢層に向けた総合的な活性化策である。高齢者への地域社会によるケアの充実をはかることと平行して、とくに若年世帯を呼び込むことによって、居住世帯の多様化をはかり、長期的に持続性のある社会づくりが課題となる。

保育関連施設や教育施設が整備された住宅団地は、本来、子育て中の世帯が生活しやすい環境を意識してつくられたものである。それにもかかわらず、開発から 30 年以上経過した住宅団地では、若年層が親から独立し、高齢化した親世帯だけ残ったような世帯が多くなっている。そこで本章では、郊外住宅団地の活性化のための施策を検討するための基礎的資料を得て、子育て支援を充実化することによるまちづくりの提案をする。

女性の社会進出にともない、子育てにはさまざまな支援サービスが重要と

なっている。公的な子育て支援とともに、親や高齢者などによる多様な子育て支援サービスの創造は、親の住居との関連重視する郊外二世を郊外地域に呼び込むきっかけを与える。世代交代期におけるまちづくりの課題を克服するために、今後の住宅政策において求められるのは、多様化した世帯に対する多様な生活支援であり、ライフ・ステージや社会的属性ごとに異なる居住地選択に対する制約条件を洗い出し、それらの条件を政策的に低減することが求められる。本来、計画的に開発された郊外住宅地は、教育や医療などの公的サービスと商業施設が整備され、広い居住空間で専業主婦による子育てには適した場であった。しかしながら、女性の社会進出の増加や高齢化によって、既存の公的サービスや生活利便施設が居住者の生活スタイルと乖離することも生じている。郊外の住宅地において急務なのは、既婚女性に対する子育て支援と就業支援である。そのためにも、中古住宅の流通システムでの工夫によって、親の近くに子世帯が「近居」できるようにすることが、実家に子育ての支援を受けやすくさせ、さらには高齢者の孤立化を防ぐ手段となったり、介護のためのアクセスを向上させることになる。

　しかし、子育て支援と高齢者支援だけでは、郊外住宅団地の活性化策としては不十分である。多様な年齢層からなるバランスのとれた地域社会を形成するにはあらゆる年齢層に向けた総合的活性化策が必要である。そのためには、地域社会のコミュニティ形成支援として、高齢者のネットワークづくり、「子育てひろば」などの母親のネットワークづくり、若者のネットワークづくり、子供たちのネットワークづくりを行ったうえで、これらのネットワークを交流させる多層的な地域住民の交流の機会を創出することである。高陽ニュータウンでは、子育ての支援を地域ぐるみで積極的に取り組み、近隣の女子大生が参加する「子育てひろば」の開設や高齢者による学童保育サービスも始まっており、自治会と老人クラブの交流や高校生と高齢者による交流も行われており、これらの交流がいかに拡大していくかが今後の課題である。

文献
大月敏雄・住総研編（2014）『近居——少子高齢社会の住まい・地域再生にどう活かすか』

学芸出版社。
香川貴志（2010）「少子高齢社会における親子近接別居への展望——千里ニュータウン南千里駅周辺を事例として」『人文地理』第63巻3号、209-228頁。
中澤高志・佐藤英人・川口太郎（2008）「世代交代に伴う東京圏郊外住宅地の変容——第一世代の高齢化と第二世代の動向」『人文地理』第60巻2号、144-162頁。
平山洋介（2011）『都市の条件——住まい、人生、社会持続』NTT出版。
福原正弘（1998）『ニュータウンは今——40年目の夢と現実』東京新聞出版社。
三浦展・藤村龍至編（2013）『NHKブックス別巻　現在知Vol.1　郊外その危機と再生』NHK出版。
由井義通（1998）「郊外住宅団地の成熟——広島市を事例として」森川洋編『都市と地域構造』大明堂、64-92頁。
由井義通・神谷浩夫・若林芳樹・中澤高志編（2004）『働く女性の都市空間』古今書院。

（由井義通）

終　章
ポスト成長社会における
都市地理学の課題と今後の方向性

　日本が世界有数の成熟社会をむかえていることはすでに広く知られている。そこでは、少子高齢社会、ポスト成長社会（脱成長社会）、コンパクトシティなどが聞き慣れた用語となり、これらが学術用語の範疇から外に出て現代用語として定着している。このような情勢のもと、地理学のなかでも日常生活に最も近い領域の一つである都市地理学は、昨今の社会変化の渦中でいかなる視点を必要とするのか、また将来に向けてどのような方向性を定めて進むべきなのか。本書を締めくくるにあたって若干の思索をめぐらせてみたい。

　われわれが暮らす現代社会は、経済成長が著しかった1950～1960年代に農山漁村から都市へ転居した人々が基層になって形成されている。都市で暮らし始めた当時の世帯主は、すでにその大半が高齢者となり、彼らの子世代にも高齢者となった者が現れ始めている。都市で住まいを構えた者（第一世代）の多くが退職後も都市に留まり、それは彼らの子ども（第二世代）の居住地でも同様であった。こうした彼らの居住地（住宅）の模索が、当初は大都市圏を水平的に拡張させ、やがて大都市圏の立体的な拡大を促した。

　新規転入者を受け入れた都市では、経済成長を背景として就労の場が増え続け、そこで就業する者が都市への人口流動をいっそう激しいものにした。都心業務地区ではオフィスビルの高層化が進み、既成市街地の一部や郊外ニュータウンでは中高層集合住宅が普遍化した。もっとも、自然発生的に拡大した郊外では戸建住宅が主流であった。そのような戸建住宅が卓越する郊

外の一部でも、やがて地価高騰とともに1970年代から分譲マンションの供給がさかんになり、いまや郊外の駅前に分譲マンションがみられるのは通例である。

　他方、都市における生活形態は、核家族での世帯構成が一般化した。否、一般化せざるをえなかったというのがむしろ正しい。都市的地域で供給された住宅の多くは核家族での居住を前提に設計された。核家族がいわゆるニューファミリーである限り、農山漁村にとどまっていた親世代、あるいは都市内で子供が離家し世帯規模が縮小した親世代は、まだ初老であったため健康上の不安も少なく、子供の家族から届く孫たちの写真を楽しみにしていたであろう。このような環境のもと、都市地理学のうち理念的なものを除いた研究の潮流は、1970年代までは都心業務地区の構造（区域設定を含む）や機能の解明を目指した研究、宅地化や住宅供給を基盤とした都市化の研究に大別できる。それは、いわば成長社会を基調とした研究トレンドといえる。

　しかし、こうした傾向が1980年代に入ってから徐々に変わり始めた。過度の郊外化のリアクションとしての都心居住指向は、1980年代に都心立地型マンションのブームを誘発した。昨今のタワー型マンションのブームに先駆けて、このような動静があったことは意外と知られていない。一方、核家族の増加とともに普遍化した高齢世帯では、老親がいっそう年齢を重ね、配偶者と死別して独居世帯になるケース、身体的に不自由になるケースが普遍化した。都市地理学もこうした動きに即して、1980年代には住宅供給研究や居住構造研究がいっそう精密化し、都心周辺部や既成市街地を対象とした研究事例がみられるようになる。業務機能の研究についても、その増加を論じるに飽き足らず、多くの研究がオフィス移転を扱い始めた。

　1990年前後のバブル経済期は、日本の都市にとっても都市地理学にとっても、いわば異常な環境に覆われた時代であった。情報化の進展に対応したインテリジェントビルがもてはやされる一方、テナント料の高騰によりオフィスビルでは空室率が問題視され始めた。住宅では販売価格の高騰が郊外にまで及び、都心周辺部では分譲マンションの供給がほとんどみられなくなってしまった。

終　章　ポスト成長社会における都市地理学の課題と今後の方向性

　バブル崩壊後は、産業構造の立て直し機運が強まり、多くの企業が保有地の処分に舵を切り始めた。こうした環境のもと、業務機能、住居機能、商業機能のすべてが新しい立地傾向をみせ始めた。

　まず業務機能に焦点を当てると、情報社会の本格的到来を受けての超高層大型オフィスビルの増加とオフィス立地変動が生じた。そこでは、企業の営業戦略が情報化の進展とともに効率性の重視にシフトしたという、ポスト成長社会ならではの環境変化があった。他方、起業ブームはインキュベーター的なオフィス需要を高めた。創意工夫が勝負の決め手となる起業は、知識・技術集約型産業という点でポスト成長社会の申し子のような存在といえる。

　次に住居機能を注視すれば、1990年代に散見されたタワー型マンションの都心指向が新世紀に入ってから本格化した。こうしたマンションの増加の背景には、幼少期から集合住宅で成長した人々が戸建住宅に拘泥しない傾向、1994年に始まったマンションの容積率緩和策などがある。一方、当初は地方都市で指摘された空き家問題が、今後は大都市圏でも「団塊の世代」の加齢によって懸念される。これらもポスト成長社会における環境変化にほかならない。

　商業機能では、1990年代初頭における商業集積法（通称）の導入を契機に一気に大型店の郊外化が進み、1990年代末からの「まちづくり三法」（総称）には長らく都市を支えてきた歴史的市街地にも配慮した「中心市街地再活性化法」（通称）が名を連ねている。本書では商業を主題とした論考がないが、ポスト成長社会における中心市街地のあり方を考えるとき、フードデザート（食料砂漠）を生じさせないためのコンパクトなまちづくりが強く望まれる。

　多くの現代人がどことなく実感している上述の社会変化に対峙して、都市地理学は誠実に対応していったと考えるが、地理学の諸分野の多くがそうであるように、状況把握と問題抽出まででとどまってしまう研究が多かったのも事実である（これには自戒の念も込められている）。また、斯界内では相対的にみて情報化や計量化に長けた都市地理学では、GISの普及とともにフィールドから離れる研究者も決して珍しくなかった。マーケティングリサーチなどで応用されるジオデモグラフィクスでも地理学研究者は基礎分析

で大きな貢献をしたが、結果の応用では大きな力を発揮できていないのが実情である。

　応用的な側面が総じて弱いのは、残念ながら業務機能、住居機能、商業機能のすべての研究領域において共通している。その原因は、地域事象の具現化に大きな影響力を及ぼす法律・条令などの制度に関する知識が深くないことに依拠するような気がする。「制度を追究すればあまりにも社会科学的にすぎて地理学ではなくなってしまう」という懸念がどこかに残っているのかもしれない。しかし、現代社会はそうした視点を渇望している。全国の大学で「地理学専攻」が数的に伸び悩む一方、「地域政策」「地域計画」「地域創成」などの名称をもつ学部や専攻が増えているのはその証左である。このような現状を直視すれば、都市地理学の研究に携わる者が事実記載に終始すべきではないことは明白である。

　とはいえ、本書の執筆陣の視点は、多かれ少なかれわれわれがもつ上記の課題を認識しており、すべての論考が現代社会の諸課題を地理学的視点から解明すべく著されている。各章の執筆者は、大学院重点の専門セクションに所属して研究者養成に励む者、学部教育中心の専門セクションに所属して地理的センスに溢れた社会人の育成に励む者、初等中等教育教員の養成セクションに所属して優れた地理的視点をもった教員の養成に励む者などさまざまな属性をもっている。その属性を強く意識する者、普遍的な都市地理学を希求する学究などスタンスの違いがあるのも事実である。それゆえ、本書の各章を比べると視点の統一性に若干の難が残っている。しかし、読者諸氏には、それが都市地理学の懐と幅の広さを示しているのだとご賢察いただきたい。

　今後の日本社会を確実に占えると断言するほどわれわれは不遜ではない。それでも、われわれがポスト成長社会のなかで変わりゆく日本社会を見詰めると、変化の可能性や方向性をかなり正確に見通すことができる。そこで説得力のある提言までできる能力を斯界のなかで一般化していけば、都市地理学の有用性はさらに高まるだろう。もちろん、そうした環境を整えるためには、地域変化を促進する基盤としての制度へのいっそうの関心が強く求めら

終　章　ポスト成長社会における都市地理学の課題と今後の方向性

れるし、都市地理学には現在に増して周辺諸分野との交流に励んでいく積極的な姿勢が必要である。

　　　　　　　　　京阪神大都市圏のアーバンフリンジ木津川市の自宅書斎にて
　　　　　　　　　　　編著者を代表して　2014年7月　香川貴志

索　引

あ
アーバンスプロール　*189*
空き屋　*110, 178, 208*
一団地認定事業　*190*
インテリジェントビル　*242*
インナーシティ　ii, *32*

か
買物困難者、買物難民　*180, 209*
勝川駅　*135*
給与住宅　*193*
居住地域構造　*97, 144*
近居　*90, 201, 236*
近隣住区　*190*
空間内装　*67*
区画整理事業　*190*
郊外　*25, 77, 130, 171*
　――駅前居住　*146*
　――化　*60, 109, 113*
　――核　*26*
　――住宅団地　*223*
　――住宅地　*97, 110, 124, 208*
　――自立化　*26, 33*
　――第二世代　→　第二世代
　――分散　*26, 28, 30*
公庫基準金利　*196*
向都離村世代　*89*
高齢化　*171, 209, 223, 226*
　少子――　i, iii, iv, *79, 93, 199, 208*
　絶対的――　*191*
　相対的――　*191*
高齢者
　後期――　*174, 202*
　前期――　*174, 202*
　――のみの世帯　*175*
高齢人口　*191*

さ
コーホート　*10, 50, 77, 88, 116, 154*
国勢調査　*3, 26, 50, 61, 77, 116, 135, 150*
子育てひろば　*238*
孤独死　*178*
コンパクトシティ　iv, *220, 241*

さ
再活性化　*223*
在村世代　*89*
再都市化　iii
在都世代　*90*
栄地区　*42*
札幌市　*59*
3LDK　*201*
ジェンダー　vi, *52*
ジェントリフィケーション　*200*
ジオデモグラフィクス　*243*
事業所・企業統計　*69*
自然増加　*47*
社会的孤立　*178*
住環境マネジメント　*199*
集住拠点　*146*
住宅取得行動　*98*
住宅双六　*15, 92*
集約連携型都市構造　*147*
出生率　*159*
　合計特殊――　*47*
主婦　*165*
少産少死世代　*90*
職住近接　*150*
職住分離　*25*
女性の就業　*230*
親近　*237*
人口移動　*46, 82, 133*
　――調査　*5*

247

人口減少　*32*, *211*
人口集中地域（DID）　*14*
人口流出　*26*, *32*
ストック活用　*187*
住み替え　*142*
生活空間　*136*
生活支援　*184*
生活時間　*164*
製造業　*55*
千里丘陵　*197*

た
第一世代　*191*, *241*
　郊外――　v, *113*
第二世代　*191*, *241*
　郊外――　v, *12*, *38*, *114*, *225*
大都市圏　i, *25*
　京阪神――　*26*, *172*
　東京――　*3*, *97*, *149*, *172*
　名古屋――　*41*, *129*, *172*
宅地　*206*
多産少死世代　*89*
多産多死世代　*89*
脱工業化　ii
建て替え　*182*
団塊の世代　*243*
男女雇用機会均等法改正　*11*
地域計画　*244*
地域政策　*244*
地域創成　*244*
地域包括ケアシステム　*181*
地価公示　*66*
地名ブランド　*197*
中高層集合住宅　*241*
通勤圏　*13*, *33*, *44*
ドーナツ化現象　*29*, *80*, *129*, *149*
特別養護老人ホーム　*201*
都市圏多角化　*26*
都市再生　*16*
都市縮退　i

都心回帰　i, iv, v, *3*, *47*, *61*, *81*, *132*, *171*
都心居住　*109*
都心の人口回復　*79*
共働き世帯　*87*, *233*

な
名古屋市　*41*
日本住宅公団　*190*
ニュータウン　*190*
ニューファミリー　*242*
ネオリベラリズム　iii
ネットワークボロノイ領域分割　*73*

は
パーソントリップ　*55*
バブル経済　*16*, *69*, *79*, *138*, *242*
バリアフリー　*182*, *190*
PFI事業　vi, *195*
東日本大震災　*205*
非婚化・晩婚化　*22*, *82*
非正規雇用　*22*, *79*, *117*
避難場所　*72*
フードデザート　*243*
復旧・復興　*207*
分散的多角化　*37*
ベビーブーマー、ベビーブーム世代　*5*, *49*
保育園　*228*
保育環境　*228*
訪問介護　*202*
歩車分離　*191*
ポスト成長　i, v, *129*, *241*

ま
幕張ベイタウン　*107*
まちづくり　*172*, *224*
　――三法　*243*
マンション　v, *97*
　コンパクト――　*103*

248

タワー型――　242
　　　超高層――　103
　　　分譲――　vi, 66, 119, 138, 193, 214
名駅地区　42

や・ら・わ
UR都市再生機構　190

ユニバーサルデザイン　199
幼稚園　228
ライフイベント　9, 116, 144
ライフコース移動　v, 93
ライフスタイル移動　v, 93
連担市街地　199
ワークライフバランス　38, 88

《執筆者一覧》

日野正輝（ひの　まさてる）【序章、全体調整】　東北大学大学院理学研究科・教授
『都市発展と支店立地』（単著）、古今書院、1996年。
『日本の地誌4　東北』（共編著）、朝倉書店、2008年。
『今を生きる――東日本大震災から明日へ！　復興と再生への提言（5）自然と科学』（共編著）、東北大学出版会、2013年。

小泉　諒（こいずみ　りょう）【第1章】　立教大学文学部ほか・兼任講師
『東京大都市圏における職業構成の空間的パターンとその変化』（単著）、『季刊地理学』第62巻2号、2010年。
『東京都心湾岸部における住宅取得の新たな展開――江東区豊洲地区の超高層マンションを事例として』（共著）、『地理学評論』第84巻6号、2011年。
『役に立つ地理学』（分担執筆）、古今書院、2012年。

山神達也（やまがみ　たつや）【第2章】　和歌山大学教育学部・准教授
「日本の大都市圏における人口増加の時空間構造」（単著）、『地理学評論』第76A巻4号、2003年。
『軍港都市史研究II　景観編』（分担執筆）、清文堂、2012年。
「京阪神大都市圏の空間的縮小に関する一試論――通勤流動と人口密度分布の分析をもとに」（単著）、『都市地理学』第8号、2013年。

藤井　正（ふじい　ただし）【第2章】　鳥取大学地域学部・教授
『地域政策入門』（共編著）、ミネルヴァ書房、2008年。
『新版　図説大都市圏』（共編著）、古今書院、2010年。
『よくわかる都市地理学』（共編著）、ミネルヴァ書房、2014年。

谷　謙二（たに　けんじ）【第3章】　埼玉大学教育学部・准教授
「大都市圏郊外住民の居住経歴に関する分析――高蔵寺ニュータウン戸建住宅居住者の事例」（単著）、『地理学評論』第70A巻5号、1997年。
『フリーGISソフトMANDARAパーフェクトマスター』（単著）、古今書院、2011年。
「1940年代の国内人口移動に関するコーホート分析」（単著）、『地理学評論』第85A巻4号、2012年。

橋本雄一（はしもと　ゆういち）【第4章】　北海道大学大学院文学研究科・教授
『地理空間情報の基本と活用』（編著）、古今書院、2009年。
『東南アジアの経済発展と世界金融危機』（単著）、古今書院、2014年。
『三訂版　GISと地理空間情報――ArcGISとダウンロードデータの活用』（編著）、古今書院、2014年。

川口太郎（かわぐち　たろう）【第5章】　明治大学文学部・教授
『都市の空間と時間——生活活動の時間地理学』（共著）、古今書院、1996年。
『日本の人口移動——ライフコースと地域性』（共編著）、古今書院、2002年。
『改訂　新版都市社会地理学』（共訳）、古今書院、2013年。

久保倫子（くぼ　ともこ）【第6章】　岐阜大学教育学部・助教
「幕張ベイタウンにおけるマンション購入世帯の現住地選択に関する意思決定過程」（単著）、『人文地理』第62巻1号、2010年。
"Mixed Development in Sustainability of Suburban Neighborhoods: The Case of Narita New Town", Co-author, *Geographical Review of Japan*, 83B (1), 2010.
"Transformation of the Housing Market in Tokyo since the Late 1990s: Housing Purchases by Single-person Households", Co-author, *Asian and African Studies*, 15 (3), 2011.

稲垣　稜（いながき　りょう）【第7章】　奈良大学文学部・准教授
『郊外世代と大都市圏』（単著）、ナカニシヤ出版、2011年。
『現代社会の人文地理学』（単著）、古今書院、2014年。
「郊外の誕生・現在・今後」（単著）、『都市研究』第11号、2011年。

大塚俊幸（おおつか　としゆき）【第8章】　中部大学人文学部・教授
『現代都市地域の構造再編』（分担執筆）、原書房、2007年。
『中部を創る——20人の英知が未来をデザイン』（分担執筆）、中日新聞社、2010年。
『新版　図説名古屋圏』（分担執筆）、古今書院、2011年。

矢部直人（やべ　なおと）【第9章】　上越教育大学学校教育学部・准教授
「「裏原宿」におけるアパレル小売店集積の形成とその生産体制の特徴」（単著）、『地理学評論』第85A巻4号、2012年。
「休暇分散化における地域ブロックの設定とその旅行需要平準化効果の検証——ネットワーク分析による機能地域の設定」（単著）、『人文地理』第65巻3号、2013年。
『ぶら高田』（共著）、北越出版、2014年。

宮澤　仁（みやざわ　ひとし）【第10章】　お茶の水女子大学大学院人間文化創成科学研究科・准教授
『地域と福祉の分析法——地図・GISの応用と実例』（編著）、古今書院、2005年。
『グローバル化時代の人文地理学』（共編著）、放送大学教育振興会、2012年。
「地域密着型サービス事業所による地域交流・連携の取り組み——長崎市の介護事業所を事例に」（単著）、『地理学評論』第85A巻6号、2012年。

香川貴志（かがわ　たかし）【第 11 章、終章、全体調整】　京都教育大学教育学部・教授
『バンクーバーはなぜ世界一住みやすい都市なのか』（単著）、ナカニシヤ出版、2010 年。
『ジオ・パル NEO——地理学・地域調査便利帖』（共著）、海青社、2012 年。
『よみがえる神戸——危機と復興契機の地理的不均衡』（共訳）、海青社、2014 年。

千葉昭彦（ちば　あきひこ）【第 12 章】　東北学院大学経済学部・教授
『都市空間と商業集積の形成と変容』（単著）、原書房、2012 年。
『北東日本の地域経済』（分担執筆）、八朔社、2012 年。
「東日本大震災での住宅・宅地の被災の社会経済的特徴と課題」（単著）、『都市地理学』第 7 号、2012 年。

由井義通（ゆい　よしみち）【第 13 章】　広島大学大学院教育学研究科・教授
『地理学におけるハウジング研究』（単著）、大明堂、1999 年。
『働く女性の都市空間』（編著）、古今書院、2004 年。
『女性就業と生活空間——しごと・子育て・ライフコース』（編著）、明石書店、2012 年。

変わりゆく日本の大都市圏
ポスト成長社会における都市のかたち

2015年2月23日　初版第1刷発行　　定価はカヴァーに
　　　　　　　　　　　　　　　　　表示してあります

編　者　日野正輝・香川貴志
発行者　中西健夫
発行所　株式会社ナカニシヤ出版
　　　〒606-8161 京都市左京区一乗寺木ノ本町15番地
　　　　TEL 075-723-0111　FAX 075-723-0095
　　　　http://www.nakanishiya.co.jp/

装幀＝白沢　正
印刷・製本＝亜細亜印刷
ⓒ M. Hino & T. Kagawa et al. 2015　　Printed in Japan.
＊落丁・乱丁本はお取替え致します。
ISBN978-4-7795-0912-4　C3025

本書のコピー、スキャン、デジタル化等の無断複製は著作権法上での例外を除き禁じられています。本書を代行業者等の第三者に依頼してスキャンやデジタル化することはたとえ個人や家庭内での利用であっても著作権法上認められておりません。

バンクーバーはなぜ世界一住みやすい都市なのか

香川貴志

「世界一住みやすい都市」として知られるバンクーバー。その魅力を詳細なフィールドワークをもとに多面的かつマニアックに徹底紹介！ 誰もが住みたくなる街バンクーバーの秘密に迫る。

一八〇〇円+税

観光学ガイドブック
新しい知的領野への旅立ち

大橋昭一・橋本和也・遠藤英樹・神田孝治 編

「観光学ってどんな学問？」「どういう視点をもって研究すべき？」そんな迷いを解決する観光学の案内書！ 研究の視点と方法や、観光の歴史・最新の状況がわかる、学びの羅針盤となる一冊。

二八〇〇円+税

モダン都市の系譜
地図から読み解く社会と空間

水内俊雄・加藤政洋・大城直樹

明治期から現代までの大阪・神戸・京都を舞台に、都市空間を構築する権力の諸相を、都市周縁のインナーリングに注目しながら地図と景観、そして都市の表象の中に詳細に読み解く。

二八〇〇円+税

遊牧・移牧・定牧
モンゴル・チベット・ヒマラヤ・アンデスのフィールドから

稲村哲也

アンデスやヒマラヤの高所世界、モンゴルの乾燥地域など、極限の環境のなかで家畜とともに暮らす人々。その知られざる実態と変容を克明に追った、35年にわたるフィールドワークの記録。

三五〇〇円+税

＊表示は**本体価格**です。